suncolor

suncolor

穿越時空，與孔子對話

關於理想與生命，讓孔子來回答。

台灣大學社會學系教授
儒學大師愛新覺羅毓鋆門生
孫中興——著

suncolor
三采文化

作者序

差點遺忘的召喚

今年六十，晉升「花甲老人」，剛有幾本書都等著出版。《韋伯〈儒教（與道教）〉的前世、今生與轉世》其實準備了三十幾年，終於完稿。《論語日記》完全是個近年的意外，也即將在兩岸出版；而這本根據我的「孔子：社會學的研究」課程所編寫的書，則可以說是一場差點被遺忘的召喚。這本怎麼看都不像是個唸社會學的人會寫的書，就這麼輕輕地、悄悄地從一門課程和錄影，變成了一本書。

我當初教這門課，不是為了尊孔，也不是為了趕時髦（在大陸也許可稱得上時髦，在台灣則是逆流而行吧），而是把我「聖哲社會學」所教的五位世界文明宗師（依出生序：佛陀、孔子、蘇格拉底、耶穌和穆罕默德），抽出我最熟悉的孔子來單獨當成一門課。我遵循的還是對每一位文明宗師的一貫研究方法，我認為這是知識社會學的架構：相關文獻的探討、生平與著作、主要思想和處世行為，以及身後的影響。原來只有這樣而已，沒有出書的計畫，也沒有後來發生的事。

這一切如果要找個頭緒，應該回到我國二下學期，從南投轉來台北讀書的時候。有一天，在南崗國中教我英文、如師亦如兄的陳中庸老師來台北，帶我去見他口中的「老親王」，開展了我拜在愛新覺羅毓鋆老師「天德黌舍」長長的故事。

特別是我在一九七五年七月二日，當時稱為「大專聯考」第二天剛結束的晚上，開始了我「天德一生」的四年生涯，以及日後每年大年初一早上拜年的例行活動，直到老師於二〇一一年過世為止。入黌舍讀書，第一年都要先受到「四書」的薰陶，否則不能躐等學習其他中國古代經典。後來的四年裡，我要是沒在談戀愛或失戀，大概每週都有一個晚上坐在黌舍裡，完全沒想到跟老師學到的這些經典和我這個學社會學的人將來有什麼關係。我的筆記也記不好，老師說的話忘了很多，到現在還記得老師音容的部分，都是他說的那些我也能朗朗上口的話，還有他的一些口音、表情和動作。

我的「聖哲社會學」恐怕受到韋伯—雅斯培這一路的影響還大些。雅斯培提出「樞軸（軸心）時代」的觀念，把佛陀、孔子、蘇格拉底和耶穌相提並論。我在課程中多加了一個穆罕默德，雖然他的時代和其他四位相去甚遠，但作為一個文明的宗師應該是不遑多讓的。可是我實在不滿意雅斯培的單薄內容，所以就從上面提到過的幾個角度來研究這幾位「聖哲」。站在五十年後雅斯培的肩膀上，我要看的書更多，事情就沒有想像中容易了。孔子算是我最能得心應手的，就這樣，我又回到了孔子的手掌心。可是和後來的事情比起來，這些都還不是什麼要緊的。

二〇一一年三月二十日，老師過世。在告別式上，看著學長整理好的錄影帶，再度聽到老師熟悉的諄諄教誨：「你們到底有沒有好好讀一本書？」我竟然震撼、羞愧到覺得這是在說我自己。

二〇一三年，也是三月，久未聯絡的陳明哲學長在北京清華大學經管學院第四期國學班有課程，邀我去給那一班學生演講。因為在曲阜，所以我這個當時從來沒有踏上過大陸的人，終於有了個最好的「說法」。那時候，我已經開過孔子的課，也做過「孔子的笑與幽默」的演講，就把同樣的題目拿去和大陸同學分享。

到曲阜的第二天，主辦單位就安排了一次祭孔典禮。我穿上漢服，照了一張到今天都還很喜歡的相片，在孔廟的杏壇上默默看著整個典禮的進行。下午，我又自己逛了孔府、孔林和顏廟。三月天寒，遊客不多，我站在孔子墳前行了三鞠躬禮，心中滿滿的複雜情緒，感覺毓老師也在那裡。孔子無言，毓老師也無言。我傻傻地一個人在孔子墳前站了很久。

於是，我開始真正好好地讀《論語》，後來也因緣際會在網路上每天寫《論語日記》，寄給兩岸的朋友。孔子課就這樣增補了好多內容，把課程錄影放上網，供天下有興趣的人觀賞。我也在課堂上希望同學不要再抄寫老掉牙的孔子思想研究的學期報告，改為思考怎樣把孔子的生平和思想文創化。那一期的學生的分組報告都很精彩，我印象最深刻的是兩組同學分別設計了孔子周遊列國的桌遊。

我也在課堂上提過自己的奇想：每年孔子誕辰的下午可以讓民眾自由演出孔子的故事，讓表演者選出一段他們感興趣的孔子生平故事，然後在孔廟前演出，把孔子成長的勵志故事，藉由孔子生日和孔廟的場域，讓更多人受益。紀念孔子要與時俱進，才能可大可久。

我也開展了幾項個人的孔子活動：一個是逛孔廟。台灣各地的孔廟也在這幾年間幾乎逛遍，我特別注意其中東西廡從祀人物不一致的問題。大陸之行則往往要求主辦方能安排附近孔廟之旅，也獲得朋友協助，所以著名的孔廟我也一一參訪完畢。現在連朋友到各地碰到孔廟，也會拍照讓我存證。二是每天抄寫《論語》，鋼筆每天抄一章，小楷毛筆則是幾天抄數章，後來加上朋友幫忙製作的《論語日記》微信公眾號，每天早上三箭齊發，送給兩岸的朋友。三是收集小型孔子像和相關文具（扇子、書籤和鋼筆），好像無形中變成了失控的「孔子控」。第四則是我發起、進行了四年多的週六下午「論語讀書會」。

這本書依然是出版我的《學著、好好愛》和《學著、好好分》的編輯傳欣策劃的，找了吳孟芳小姐執筆。編輯過程中，傳欣很認真地找出幾點和我討論，我也更正了一些講課時沒有說清楚的部分。在此，我要特別感謝她們的辛勞和付出，因為她們根據的都是我課堂內容和講義，而且出書前我也認真看過一遍，所以如果有錯誤的話，我是那個該負責任的人。至於孔老夫子自己講的話，責任則不在我。

只是，出書在即，我真的很好奇：這本不合時宜的書能帶來一片雲彩嗎？

寫在前面

孔子與你

這本書是我在台大所教授的《孔子：社會學的研究》的課堂集結。坦白說，平常開設的課程像是《愛情社會學》等等，幾乎堂堂會爆滿，唯獨這門關於孔子的課不僅不會滿，甚至只有十幾位學生選修。有趣的是，這十幾個學生還是因為搶不到我的其他課程，最後抱持「無魚蝦也好」的心態選擇了孔子。

這麼說起來，孔子好像不敵愛情。

所以，當出版社提議要把這堂課的內容集結成書時，我一方面是驚訝，一方面也很佩服出版社的勇氣，尤其近幾年的環境並沒有鼓勵大家去親近孔子、了解孔子。現在的學生似乎對孔子一點興趣也沒有，提到孔子只覺得很傳統。「傳統」常常不是個好字眼，說你這個人太傳統了，這句話向來不是讚美，是覺得你落伍、跟不上時代的、沒有用了……但傳統基本上要經歷好幾代人才能形成，你知道從孔子的時代到現在，經過了多少政權？可是那些政權都不在了，只有孔子還在。

我想，就連孔子在他活著的時代也預料不到自己的力量會那麼大，可惜現在大部分的人對孔子是普遍的無知；我並不是在替孔子宣傳，只是希望能夠把孔子看做一個「人」，一個歷史上活過的人，好好地看看歷史上有沒有什麼記載？別人的偏見是怎麼養成的？孔子又是怎麼養成的？以及最重要的是，我們還能從他身上學到什麼？

你可能覺得孔子講的很多東西都落伍了，有些東西確實應該是落伍的，但他的概念或精神是不落伍的。經過那麼長的時間，孔子的思考、想法還是跟大部分人的基本問題息息相關；如果只從時間的角度看待孔子，認定他是一個落伍的人，可能你喪失智慧的機會要大於得到智慧的機會。

而我的內容也有別於一般人文學科的研究取向，著重在社會學的角度與觀點。我不是只在乎思想本身，更在乎的是「人」的關係，畢竟我不是歷史學家、文學家或其他的不管什麼家，大概只稱得上是老人家。另外，書中關於孔子的主要思想，我也不從傳統的立場來解釋，而是著重在社會學強調的人際關係，譬如孔子的生活。過去很少人討論孔子的家庭生活，甚至還有網路謠言說孔子休妻啊，究竟孔子有沒有休妻？為什麼會流傳孔子休妻？孔子跟小孩的關係如何？這些都是我會提到的。還有，孔子一天到晚教我們關於交朋友的事情，那他有沒有朋友呢？畢竟提到一個思想家，怎麼能只講他的思想，不講他的生活？

所以，這本書不是要讓你崇拜孔子或者詆毀孔子，而是能平心靜氣地了解這個人，不帶偏見地去看、去思考。我也希望這本書對你的生活是有幫助的，對你的生命更有幫助，希望你知道自己來到這世間，不是來做一個配角—你是自己的主角，有自己的主場戲，那麼這一生，你想成為什麼樣的人？

目錄

壹 1

走近孔子——他生活的時代

子曰：「務民之義，敬鬼神而遠之，可謂知矣。」

聖哲誕生的時代

——孔子之前的大我脈絡

很多研究孔子的書或課程，蹦一下就進入孔子的生平，叫什麼名字啊、出生在什麼時代啊……但我覺得在探究孔子生平之前，需要好好地把孔子出生以前、包括他生活的時代背景了解一下。因為這本書討論的孔子是從社會科學的立場，從社會科學發展出來的觀念可以幫助我們更好地了解他。

關於孔子生活的歷史背景，我們可以稱它為「大我脈絡」，而「小我」與「大我」的差別就在，小我是指孔子的生平，大我則是孔子生活的那個時代。

尤其，孟子說：「孔子之謂集大成。」（《孟子・萬章下》）意思是孔子是一個集大成的人，可見有些話跟想法、觀念並非是孔子首創或發明的。所以要是沒有先釐清大我脈絡，很多人會以為他天縱英明，所有的想法都是他開始的，其實不是。如果我們不講脈絡的話，很容易誤解孔子的想法都是他自己的想法，但有了歷史背景和脈絡的了解，才會發現他的思想有繼承前人的部分，也有放棄的部分，還有一些是他自己的創見，我想這樣對於了解孔子的思想幫助比較大。

只是很不幸地，所謂的歷史其實都是「現代史」，都是後人用後來的觀點、政治立場與意識型態來解釋過去的事件，也才會有歷史學家說：「沒有真實的歷史，只有歷史的真實。」所以讀者在看這本書的時候，如果覺得我講的東西跟你認為的不同，請不要先入為主地說我一定錯，或者以為我一定對，你可以看看我用的證據是什麼。

這也是為什麼書中借重了很多前人的研究和古文資料，雖然不見得全都是事實，但起碼都是依據。我從教學到現在因為講話比較詼諧一點，後果之一就是很多人認為我講的都是自己掰的。其實我很強調說話要有憑有據，所以列了很多古人的資料不是為了充字數啊，是要證明我有根據的！

根據記載，孔子生活的年代是從西元前五五一年到西元前四七九年，這段期間正是中國歷史上的「春秋時期」。歷史學家許倬雲曾提到，春秋時期是西元前七二二年至西元前四六四年❶，但別的書也有從西元前七七〇年至西元前四七六年或四〇三年等不同的說法，像是四十六頁依據翦伯贊主編《中外歷史年表》繪製的「孔子出生前之中國大事年表」（附錄），就提到東周開始於西元前七七〇年，而東周開始也代表著春秋時期的開始。

接下來，讓我們從政治、文化、思想等面向，來看看春秋時期以前的社會環境與形貌，以建構、了解孔子生活時代的大我脈絡。

誰得天下：政治

中國的古書都載有「三皇五帝」的傳說，但傳說最妙的地方在於三皇是誰？五帝又是誰？

❶許倬雲，《求古編》，台北：聯經，1984，第353頁。

東漢思想家王符的《潛夫論．五德志》說：「世傳三皇五帝，多以為伏羲、神農為三皇……」你要不要掰手指算一下，不是兩個人而已嗎？還是說是伏或羲、神或農？那應該是四皇。我自己讀書時一直覺得這是打錯字嗎？

後面又說：「其一者或曰燧人，或曰祝融，或曰女媧。其是與非，未可知也。」所以是加上這三人的其中之一才是三皇？但這三個人也差得太遠了吧？或是這三個人也是三皇？其是與非，未可知也，總之在漢朝時，人們就已經不知道三皇是誰了。

三皇搞不清楚，那五帝呢？東漢《白虎通德論．卷一》說，五帝是指黃帝、顓頊、帝嚳、帝堯、帝舜，另《風俗通義．五帝》、《史記．五帝本紀》、《孔子家語．五帝德》講的也是這五個人，看起來好像就是這五個人，但同樣是《孔子家語》，卻又在〈五帝〉篇中有不同的說法。

在〈五帝〉篇，季康子問孔子何謂五帝，孔子回答：「昔丘也聞諸老聃曰：『天有五行，木、火、金、水、土，分時化育以成萬物，其神謂之五帝。』」所以在這裡，五帝又變成木、火、金、水、土，變成了五行說。或許有人認為五行說是偽造的，但古書辯偽的問題不是我的專長，我只是提出有這樣的記載。

在無所適從的時候，很多人會認為《史記》的說法就是最好的依據，但《史記》只是一個當時比較統一的說法，並不表示就是當時公認的說法，也不代表就是真實。歷史上很多東西其實沒有「公認」這件事，只是因為大家都唸《史記》，唸《孔子家語》的人不多，所以大部分人就採取《史記》的說法；大家都隨人，輸人不輸陣啊！

於是關於漢朝以前的歷史，一般就以《史記》為依據，包含我們要來看的孔子生活時代背景，大多也是以《史記》的內容為主。

《史記》提到的五帝，是黃帝、顓頊、帝嚳、帝堯、帝舜，最後的兩個人是堯跟舜。孔子或孔門弟子常常誇獎堯、舜，並以堯跟舜作為政治上的偶像，像《中庸》裡就提到：「仲尼祖述堯舜，憲章文武。」說仲尼（也就是我們的孔子，想必他的英文名字一定是Johnny）繼承堯、舜的道統，並以文王、武王為典範。

我們可以得知，在三皇五帝中，孔子只崇尚最後這兩位，所以堯跟舜是什麼樣的人就變得非常重要。而傳統上的中國歷史，也是從堯開始說起。

傳賢不傳子的美談

《史記．五帝本紀》說堯「百姓昭明，合和萬國」，意思是從個人修身到齊家、治國、平天下他都罩得住，是一個好到不能再好的天下共主，而且是好到不能說了呀！但這其實是傳記記載聖王的典型方式，尤其在不民主的國家，這種記載經常會出現。

堯最為孔門所稱道的是「傳賢不傳子」，將帝位傳給了舜，創下中國禪讓政治的先例。我覺得這一段真的是民主最好的教育，雖然傳說也許是假的，或根本沒發生過，但若以故事而言，這實在是一個非常好的故事。我以前不知道故事那麼長，以為不過是堯覺得舜不錯，然後傳位給他，就叫禪讓，但原來沒有這麼簡單。

堯有個兒子叫丹朱，記載中，堯曾說丹朱：「吁！頑凶，不用。」表示自己的兒子不成才，不能用。你看這講得多好，堯知道自己的兒子不成才真的是聖明，畢竟現在很多人都看不出自己的兒子不成才。

如果一般的事都不能交付給丹朱，那國家大事更不可以！於是堯在位七十年的時候——古代記年的算法跟現代不同，別硬要去算他那時幾歲什麼的，重點是故事內容——有一天要大臣們推薦繼承者；那時很多人推薦舜，稱讚舜：「父頑，母嚚，弟傲，能和以孝，烝烝治，不至姦。」他們家按現代說法就是那種父親有家暴傾向、母親潑婦一枚，弟弟也不像個弟弟，根本是社工口中的高風險家庭，但是舜在這樣的環境下，居然還能每天努力向上沒有變壞。所以在眾臣的推薦下，堯找來了舜，並測試他是不是個當帝王的料——這就是所謂的試用期。

堯怎麼測試舜呢？首先，「堯妻之二女，觀其德於二女」，堯把兩個女兒嫁給了舜，要來看看舜怎麼對待她們。這犧牲夠大的，不然就是堯的女兒實在嫁不出去，只好一次就把兩個女兒許配給他，否則為什麼呢？是第二件六折？還是買一送一？為什麼不先給他一個試一下？一下給兩個是要測驗他的體力好不好嗎？真不知道這到底在想什麼，中國古人做事真的有一些超乎我們的想像。

接著，「乃使舜慎和五典，五典能從。乃遍入百官，百官時序」，不管怎麼測驗他，舜都能夠安然過關。最厲害的是，「堯使舜入山林川澤，暴風雷雨，舜行不迷」，堯叫舜到山裡、往大河裡去，既使暴風雷雨，舜居然能完全不迷路。最後堯就對舜說，好，我已經試用你三年了，你來繼承帝位。

你以為這故事就這樣結束了嗎？不，還沒有完。

《史記．五帝本紀》提到：「堯立七十年得舜，二十年而老，令舜攝行天子之政，薦之於天。」堯傳位給舜以後，自己還沒死喔，不過是退到一旁、有點垂簾聽政的意味，在後面觀察看看老天是不是真的喜歡舜這個人。

而堯辟位二十八年才駕崩，書上說他死的時候是「百姓悲哀，如喪父母」。為什麼天下人這麼思念堯？因為「堯知子丹朱之不肖，不足授天下，於是乃權授舜。授舜，則天下得其利而丹朱病；授丹朱，則天下病而丹朱得其利。堯曰：『終不以天下之病而利一人』，而卒授舜以天下。」

堯說的「終不以天下之病而利一人」，意思是我不能為了一個人的利益讓天下人害病，這句話實在太重要了，他寧可犧牲兒子也要讓天下人得利，倒楣的是他兒子，但他想的是天下的利而非自家人的利，這就是孔子喜歡堯的地方。

孔子把堯看得像天一樣，不是說天很高遠，而是它公平、公正、公開，容光必照，不管你在哪個角落，天都會照耀你。這是一個很重要的「公天下」精神。

不過，在堯死後，舜為尊重堯的兒子丹朱，選擇避開他而到別的地方去。只是舜即便去了比較偏遠的地方，「諸侯朝覲者不之丹朱而之舜，獄訟者不之丹朱而之舜，謳歌者不謳歌丹朱而謳歌舜」，諸侯有事都不找丹朱而是去舜那裡，歌曲頌讚的也不是丹朱而是舜。諸侯百姓並不因為丹朱是堯的兒子就認為他是繼承人，反而因舜的德行承認了他的合法性。最終，舜說：「天也。」終於接受自己有天命。

複製貼上的王位繼承

因為禪讓政治而得到天下的舜，後來同樣把帝位傳給治水有功的禹，而不是傳給自己的兒子商均，過程跟堯傳舜時差不多一樣。而禹也是先退避到別的地方、把天下讓給商均，但諸侯們都不去找商均而去找禹；最後，禹即天子位，整件事是一個完完全全copy。

堯傳舜、舜讓禹是歷史美談，但為什麼後來的書都只有稱讚堯、舜，卻沒有稱讚禹？就是因為後人覺得禹把帝位傳給了自己的兒子啟，所以在孟子時代也才會有

「至於禹而德衰」的說法。然而，事實真是這樣嗎？

「禹子啟賢，天下屬意焉。及禹崩，雖授益，益之佐禹日淺，天下未洽。故諸侯皆去益而朝啟，曰：『吾君帝禹之子也。』於是啟遂即天子之位，是為夏后帝啟。」（《史記・夏本紀》）

其實我們從這裡可以看出，本來禹也是要學堯舜，打算把帝位傳賢給賢臣益，只不過益輔佐禹的時間實在太短，不夠讓天下人誠服，因此禹死後，諸侯並不接受益的地位，反而支持禹的兒子啟；啟本身其實也是一個賢能的人，因此受到諸侯的青睞。

所以，至於禹而德衰的說法，起碼孟子不這麼認為。在《孟子・萬章上》裡有提到：「啟賢，能敬承繼禹之道。益之相禹也，歷年少，施澤於民未久。舜、禹、益相去久遠，其子之賢不肖，皆天也，非人之所能為也。」所以孟子也知道，這個問題不是君王一個人決定的，是諸侯的共同決定，所以某種程度上也是一種投票的行為。

而禹傳位給啟這件事，法家的韓非子有比較不一樣的看法。

「禹愛益，而任天下於益，已而以啟人為吏。及老，而以啟為不足任天下，故傳天下於益，而勢重盡在啟也。已而啟與友黨攻益，而奪之天下，是禹名傳天下於益，而實令啟自取之也。此禹之不及堯、舜明矣。」（《韓非子．外儲說右下》）

法家認為，禹雖然說是要把天下傳給益，可事實上他知道大權還是操之在啟，認為禹玩的是一種兩面手法，表面上傳位給益，事實上則是要啟自取之。所以當啟去攻打益的時候，禹才會沒有吭聲。

而且儒家崇尚堯舜的禪讓政策，認為他們是一種尚賢的作法，但其他家並非也是這樣看待。像《莊子．盜跖》就提到：「堯不慈，舜不孝，禹偏枯……」認為這些被你們誇大為聖人的人，不過就是利用老百姓而已。我建議大家可以找〈盜跖篇〉來看一下，這是非常有趣的故事。

這些說法也呈現出先秦諸子對於同一件事的不同觀點，拿來互相對比是相當有意思的。

現代孔子常被視為維護封建帝制的代表人物，好比在文革期間就有人因此反對孔子和儒家思想，但如果你了解禪讓政治的演變與孔子的看法，還會覺得是孔子是維護世襲制度的嗎？

名正言順的革命？

歷來革命都一樣，起身革命的人都會講：「××太腐敗了！」、「這傢伙再統治下去沒有天理！」即便現在是用選舉來改朝換代，大家的講法也幾乎一模一樣，就是一定要把現有的講到爛到極點，革命才有「正當性」，也才會是「順乎天、應乎人」的做法。

所以在《尚書．周書．泰誓》裡提到，商湯要伐桀之前，就是把所有諸侯集合起來，告訴他們：「夏德若茲，今朕必往。」說桀已經沒有德行了，所以我一定要幹掉他。又說：「爾尚輔予一人，致天之罰，予其大賚汝！爾無不信，朕不食言。爾不從誓言，予則孥戮汝，罔有攸赦。」意思是你如果不聽我的話、不跟我一起發誓，那我也會把你給殺了！

湯要伐桀，是因為桀很糟糕，那武王伐紂呢？根據《史記．殷本紀》的描寫，紂王其實是個資辨捷疾、很聰明的一個人，可他也「知足以距諫」，不接受別人的諫言，而且「好酒淫樂，嬖於婦人。愛妲己，妲己之言是從」。注意，這就是中國的「女人是禍水」史觀，所有壞事都是女人害的，在商朝是妲己，夏朝的叫妹喜，周朝的是褒姒。後來的戲曲還說這些女人是狐狸精變的，但皇帝很爛都不講，結果男人做的所有壞事都由女人來承擔。

後來紂王還將他的叔父比干剖心，把另一個因為害怕而裝瘋的叔父箕子給關起來。在周武王遂率諸侯伐紂的時候，紂王也發兵反擊，兩軍交戰於牧野，最終紂王因兵敗自焚而死。後來武王斬下紂王的首級，高掛在大旗之上。

所以，在《易經．革卦》說，湯武革命是順乎天而應乎人，可是同樣是革命，在《尚書．周書．武成》中，卻說武王伐紂的牧野之戰是「血流漂杵」，說戰士們的鮮血流成河，武器在河面上漂著，表示那其實也是非常非常非常殘忍的一場戰爭，不像後人形容得像是正義之師，都沒人攔阻他，就這樣平安地完成革命。

《論語．述而》裡，孔子說聽到韶樂（舜王的音樂），三月不知肉味。《論語．八佾》說韶樂是「盡美矣，又盡善也」，那武王的樂呢？是「盡美矣，未盡善也」。如果是今天有人說聽到音樂三月不知肉味，可能是因為音樂會的票太貴了，三個月都得吃素，吃不起肉……

若從孔子相信音樂跟王者的德行有很深的關係來看，孔子對武王伐紂這件事並不是太贊成，只是他講得比較含蓄，並且用音樂來比喻。畢竟孔子是和平主義者，為革命所死的人，或許對有的人來說死的是敵人，但對孔子來說，由事後來看，死的都是人呀！

統治，或者被統治

除了以革命得到政權之外，絕大部分的時候，中國古代的政權遞嬗有幾種依據，像在《禮記．喪服小記》裡面就有提到：「其不可得變革者則有矣：親親也，尊尊也，長長也，男女有別。」不管在什麼政治制度下，都有幾個不可改變的繼承原則，其中「尊尊」就是傳賢、禪讓，「親親」就包含兄終弟及和嫡長子繼承兩種原則。

但是到了春秋的時候，出現了一些繼承情況不太穩定的問題，像是有些地方是兄終弟及，有些地方又是以父傳子。所以在《論語．顏淵》才會有「君不君，臣不臣，父不父，子不子」的說法；也因政權遞嬗、繼承的原則不定，開始產生了許多對正統、政權合法性的質疑。

中國從周朝開始有了封建制度。這裡的封建制度是指帝王分封土地給功臣和兄弟，但因為馬克思主義也有「封建社會」的說法，以致後來人們在概念上有些混淆。尤其在馬克思主義的影響之下，封建變成帶有階級剝削的意涵，聽起來並不是什麼好的字眼。

但中國古代的封建制度並不是這個意思。中國的封建制度是什麼？許倬雲認為封建制度有幾個特色：「凡國君都可以統稱為諸侯，不必斤斤較量爵位高低。每個國家都有卿大夫，享有采邑，卿大夫之下還有最低級的貴族──士。士之下才是庶人……國土不是按照比例劃分。建國的意思就是築城。所以春秋時封建的本質是點狀的城邑，而不是方格的棋盤。」最後，「封建制是一個寶塔型的結構（天子、諸侯、卿大夫、士），下級必須服從上級，但是這種分層服從未必是服從更高一級。」❷所以，每個人只服從他的上一級，而不是服從最高級，最高的應該是周天子，但每個人只聽自己上面老板的話。

北大哲學系教授何懷宏，參考義大利社會學家巴烈圖（Vilfredo Pareto）的理論，將西周至春秋的社會形態分成「統治階級」和「被統治階級」。統治階級（貴族）是大夫跟士，被統治階級包含庶民跟奴隸。另外，再以居住地來分，當時的貴族跟工商階級住在國城或城都裡面，也叫國人，非貴族者住在城外，稱之為野或鄙的地方。

何懷宏還認為春秋社會主要是一個「卿大夫活躍的社會」：「大夫是春秋社會的主體，正是由於當時社會主要是一個大夫的社會，以及大夫與家族的關聯，我們才可說『大夫社會』同時也就是一個『世襲社會』，大夫『建家立室』是諸侯『建

❷許倬雲，《求古編》，台北：聯經，1984，第344-356頁。

邦立國』的延伸，或者說，大夫社會性的自我封建正是將政治性的封建原則搬用於社會。」❸這也是孔子生活時代大概的政治樣貌。

從神魔到理性：文化

快考試的時候，有人習慣去廟裡拜拜，為什麼？因為認為神明會保佑他，但考試關神明什麼事呢？考試應該是跟出題老師有關，要嘛就是看老師能不能洩題，或者壞一點，駭入老師的電腦，看看他出什麼題目，這才是合邏輯吧！對不對？但這雖然符合邏輯卻不是正途，正途還是要好好唸書啦。

我有一次到香港訪問的時候，跟著一個朋友去做道教研究的田野調查，當時去了一個地方，那裡有人起乩，另外還有個人口裡唸唸有詞。令我不敢相信的是，來問事的信徒都問些什麼呢？裡面有一個女的，她來問神明怎樣可以讓老公戒煙？沒想到乩童就這麼嗯嗯喔喔的起乩之後，開了一張藥單給她，說吃這個就可以讓妳老

❸何懷宏，《世襲社會：西周至春秋社會形態研究》，北京：北京大學，2011，第78-79頁。

公戒煙。我心想，哇！這可厲害了，這比戒煙門診還厲害！但這也需要問神明嗎？

不要以為這種求神問卜、覺得神可以影響人的文化是近代才有的產物，早在孔子生活的年代、春秋時期以前，這種現象已經很常見，就像接下來會提到的巫傳統與占卜。

不過，這樣的文化也正是在春秋時期出現變化。《國語．楚語下》有一句話叫「絕地天通」，意思是地跟天原本是相通的，「絕」是把它給斷了，斷絕地天通。

在古代，本是神民交雜，神的世界可以影響到人的世界，就像剛剛說的，要考試的去拜一拜，作什麼事情去拜一拜，如果嚇到了也去收驚一下，這表示人的世界是受到神明的影響，所以你跟神明問候、交一點錢，然後拜拜祂祈求幫忙，是可以達到效果的。而「絕地天通」卻是讓神歸神的、人歸人的，兩個世界不通了，也代表斷絕了巫術傳統，要開始走向神魔主義與理性主義並存的世界。

天的傳達者：巫

戰國時期的《國語．楚語》中，有一段對巫傳統的描述：「古者民神不雜。民之精爽不攜貳者，而又能齊肅衷正，其智能上下比義，其聖能光遠宣朗，其明能光照之，其聰能聽徹之，如是則明神降之，在男曰覡，在女曰巫。」

當代思想史研究者余英時曾進一步解釋：「巫（覡）是『民』中精英，不但既『精爽』又虔敬，而且在『智』、『聖』、『明』、『聰』四方面都達到了最高的水平。」❹認為有這樣條件的「民」，才能獲得「明神降之」的榮寵。

那時，巫的力量是非常大的，他們是人跟神之間的仲介，可以通天、了解天，讓神的意義降臨，特別是在打仗、祭祀等國家大事的處理上，巫扮演著重要角色。

日本漢學專家白川靜曾說，搞不好孔子的媽媽就是一個女巫。這個「搞不好」本來只是不太確定的意思，後來不知為何變成確定的意思；但要是明白中國古代巫文化的意義，會知道其實那只是一個「探討」。不過很多人聽到孔子的媽媽是女巫，就會氣呼呼地說：「你在講什麼？為什麼孔聖人的媽媽會是個女巫?!」馬上就

---

❹ 余英時，《論天人之際：中國古代思想起源試探》，台北：聯經，2014，第29頁。

想像她在煮一鍋有指甲、頭髮什麼亂七八糟的東西，因為他們把中國的女巫想成是西洋的那種，所以不願去討論這個可能性。

決定的關鍵：占卜

占卜也是從古至今而不衰的文化現象。當生命、愛情、事業有困擾的時候，很多人就會去找算命、占卜的人。像我唸大學的時候沒有女同學不算命，女同學就問：「我將來能夠嫁什麼樣的老公呀？」、「我老公姓什麼呀？」，甚至有人回來還信誓旦旦地跟我說將來老公會姓什麼，結果後來好像也不是嫁給那個姓氏的人。

《尚書．周書．洪範》記載周武王伐紂之後，箕子對周武王治國的建議，其中有一項叫「稽疑」，就是說對占卜的結果有懷疑時，該怎麼辦？書裡說：「三人占，則從二人之言。」意思是三個人卜出來結果不一樣的時候，要採多數決議，但這不是很矛盾嗎？根據多數來做決定，所以卜是不準確嘛！如果準確的話，就一個人卜不就好了？

書中還進一步說：「汝則有大疑，謀及乃心，謀及卿士，謀及庶人，謀及卜筮。」要是還有疑慮，就問問自己的心，自己有什麼想法啊、問旁邊的大臣有什麼意見、問問被統治的人有什麼意見，這就是民意調查了嘛！然後再加上龜卜跟筮占的結果。可是如果五方面的意見不一致，就看龜卜跟筮占的結果。

所以到底要聽誰的？中國清華大學國學研究院院長陳來提出一個很好的觀點：「其實卜和筮的結果是擁有決定性的。與卜筮相比，王者自己和卿士庶民的意見，都不是決定性的。」❺

步向理性：軸心時代

德國哲學家雅斯培（Karl Jaspers），在二次大戰後提出一個觀念，叫「軸心時代」，德文叫 Achsenzeit，英文叫 axial age。他指出軸心時代適用全人類，主要出現在西元前五世紀，特別是在西元前八百年到西元前兩百年之間。如果根據雅斯培的定義，中國的春秋時期就是處於軸心時代。

❺陳來，《古代宗教與倫理：儒家思想的根源》，北京：三聯，1996，第66頁。

雅斯培說，在軸心時代：「中國出現孔子、老子、墨子、莊子、列子；印度出現《奧義書》、佛陀；伊朗出現查拉圖斯特拉（Zarathustra）；巴勒斯坦出現眾先知：以利亞、以賽亞、耶利米；希臘出現荷馬、眾哲學家——巴門尼德、赫拉克力圖、柏拉圖、悲劇作家、修昔底德、阿基米德。」

而在這個時代，「三個世界產生了新的事物：人自身的整體存在，知曉他的自我和自己的限制，經驗到世界的可怖（Furchtbarkeit）以及自己的無力（Ohnmacht）。」❻雅斯培認為，這些在軸心時代出現的人物，把人類從一個神魔世界帶往一個比較理性的世界。

過去，人們都覺得這世界是由神魔的力量控制，所以你的禍、福都在那個世界就決定了，但是從軸心時代開始，人們已經意識到神魔再也不能控制所有的生活。這一點，孔子就講得很清楚，他說人要「敬鬼神而遠之」，意思並不是說沒有神魔的世界，而是人不要跟神魔太接近；你可以尊敬神魔，也要開始有清明的思想。

而余英時引用雅斯培的概念，也提出軸心突破（axial breakthrough）的想法，並說在軸心突破後，中國的思想出現了一種「內向超越」。而他同時也點出了很多

---

❻雅斯培，《歷史的起源與目標》（Vom Ursprung und Ziel der Geschichte），1955，第132-133頁。

歷史學家經常忽略的一個重點，就是超越後跟超越前的思維其實是並存的。

他指出：「過去我們似有一種錯覺，以為突破以後，文明進入一個更高的思維層面，『前突破時代』（Pre-axial age）傳衍下來的舊思維、舊信仰、舊習慣等便自然而然地遭到被淘汰的命運……這一新開闢的思想領域，當時除了學派的創始者及其門徒外，一般人是很難得其門而入的……可見軸心突破對於多數人的日常生活不可能發生立即的效應；他們仍然生活在突破前舊傳統的影響之下。」❼

所以，雖然軸心突破了，卻只有在少數人當中才發揮了影響力，大多數人依然不知道那是怎麼一回事。余英時以中國的巫文化來舉例，說軸心突破後，巫的勢力並沒有衰落，繼續在宮廷跟民間發揮作用。民間長期以來的巫文化信仰，直到現在仍然持續影響我們的社會，好比今天的新聞或媒體版面還有星座運勢單元一樣。

我最喜歡看星座運勢，因為每次看完星座運勢都會大笑。有一次發現我的星座運勢是「會碰到心儀的人」，但我都已經結婚了，要是再碰到心儀的人，那我不是找死嗎？或者像是「這週你要防小人」，但你哪一週不需要防小人？如果你養成習慣，我建議你看星座運勢看一輩子，保證你這輩子看到的奇事非常多。把星座運勢

---

❼ 余英時，《論天人之際：中國古代思想起源試探》，台北：聯經，2014，第231頁。

當成綜藝節目是很好，但當成新聞的這種文化，水準實在不是太高。

從神而人

陳來把這段軸心突破的過程叫做「人文的轉向」❽。他指出整個中國的軸心時代，並不是因為意識到自身的侷限而轉向超越的無限存在；中國在這過程裡，似乎更多是意識到神與神性的侷限。所以，若是其他地方的人是意識到「人」的侷限，那中國則是意識到「神」與「神性」的侷限。於是，不再以鬼、神為主，中國轉而開始重視人命、人的生活，也是一種「人文的轉向」，而孔子就是這種人文轉向過程的重要人物。

所以，我們可以說，在周朝以前都相信鬼神可以對於我們產生很大的作用，因此要敬鬼神；但周朝以後、到了孔子登場的時代，就會告訴你要「敬鬼神而遠之」，跟鬼神保持一個適當的距離。孔子沒有叫你不要相信鬼神，可也沒叫你信鬼神信到那個地步，有那麼一點人文主義的精神起來了，但又沒有完全地拋除、走向

❽陳來，《古代宗教與倫理：儒家思想的根源》，北京：三聯，1996，第4頁。

無神論的地步。

文明的統治：禮樂

到了周朝，周公制禮作樂（當然不是周公一個人把所有事情都做了），他知道這種意識形態跟制度的重要性，所以用禮樂來統治人民。以這個觀點來看，我們也知道用禮樂來統治人民的確有長期的效果，這也是周朝之所以能夠享有八百年統治的時間原因之一。

那周朝的禮有哪些？根據《周禮．春官宗伯》記載，傳統的五禮有「吉、凶、軍、賓、嘉」，包含祭天、祭社稷、喪禮、時聘、軍禮、飲食之禮、冠婚之禮等。到了《禮記．王制》更有所謂「冠、昏、喪、祭、鄉、相見」等六禮，搞得相當繁複，因此儒家才被諷刺說一輩子也學不完這些禮。

余英時認為中國的軸心突破和禮樂文化是有關係的：「早期的禮樂是和巫互為表裡的；禮樂是巫的表象，巫則是禮樂的內在動力……軸心突破表現上雖從禮樂的

領域展開，但它真正爭衡的對象卻是禮樂背後的整個巫文化。」❾

雖然禮樂是為制衡巫文化而來，希望藉這個取代那個，但禮樂文明後來也逐漸走向極端，開始變得繁瑣冗長，很多意義其實也消失了。就像每年的祭孔大典，裡面那些動作都很慢，然後什麼獻禮、獻爵，還有那些跳八佾舞的小朋友很多站也站不穩；其實要是讓他們跳街舞，我保證會跳得非常好。

一定有人會說：荒唐！孔子什麼年代？跳什麼街舞！欸，孔子什麼年代，那時候是跳八佾舞嗎？現在孔廟的很多事物都是明朝以後的定制，也差不多是近五百年左右的事，跳明朝的八佾舞，孔子就看得懂嗎？如果你認為明朝發明的舞是傳統，我們現在發明祭孔時跳街舞，五百年後的人也會覺得該這樣跳啊。有些傳統會讓人誤以為是從孔子那時代就這樣了，其實不是的。

再說對周公相當推崇的孔子真有要求這麼多禮嗎？如果就《論語》裡，孔子所說的話來看：「禮，與其奢也，寧儉；喪，與其易也，寧戚。」可見孔子也不太贊成把禮弄得太複雜，他更重視的是心中真實的情感。

---

❾ 余英時，《論天人之際：中國古代思想起源試探》，台北：聯經，2014，第29頁。

崇德貴民：思想

這本書一開始就提到說，孔子是一個集大成的人，尤其從思想面來看，那些過去以為是孔子開創的思維，其實早就存在於中國先哲的想法裡，好比崇德貴民、照顧老弱孤幼、民本思想等等。在孔子之前的中國人已經很重視「德」，講究德行這件事並不是孔子發明的，而且光是一個「德」，在古代就有很多含意。有人認為有德行、做好事當好人是一種德，人在自己的位置上扮演好自己的角色也是一種德，我們現在則強調「做好事」才叫德；陳來就從《尚書》、《左傳》、《禮記》、《逸周書》、《周禮》、《國語》等古籍，整理出三類型的德行。左頁的德行分類表，就是根據陳來的分類所繪製。❿

❿陳來，《古代宗教與倫理：儒家思想的根源》，北京：三聯，1996，第306-307頁。

表1 「德」的概念

第一類（個人品格）	
《尚書．堯典》四德	直、寬、剛、簡
《尚書．皋陶謨》九德	寬、柔、愿、亂、擾、直、簡、剛、強
《尚書．周書．洪範》三德	正直、剛克、柔克
第二類（社會基本人倫關係的規範）	
《左傳．文公十八年》五教	父義、母慈、兄友、弟恭、子孝
《禮記．王制》七教	父子、兄弟、夫婦、君臣、長幼、朋友、賓客
《逸周書．常訓》八政	夫、妻、父、子、兄、弟、君、臣
《禮記．祭統》十倫	君臣之義、父子之倫、貴賤之等、親疏之殺、夫婦之別、長幼之序、上下之際（與社會德行無關者未列入）
《禮記．大傳》四道	親親、尊尊、長長、男女有別
《禮記．中庸》三達德	知（智）、仁、勇
《周禮．師氏》三行	孝行、友行、順行

《周禮・大司徒》六行	孝、友、睦、婣、任、恤
第三類（前兩類的結合）	
《周禮・大司樂》六德	中、和、祇、庸、孝、友
《周禮・大徒》六德	知、仁、聖、義、忠、和
《禮記・中庸》三達德	智、仁、勇
《國語・周語上》四德	精、忠、孔、信
《國語・周語上》四德	忠、信、禮、義
《逸周書・寶典》九德	孝、悌、慈惠、忠恕、中正、恭遜、寬弘、溫直、兼武
《逸周書・酆保》九德	忠、信、敬、剛、柔、和、固、貞、順
《逸周書・文正》九行	仁、性、讓、言、固、始、義、意、勇
《逸周書・文正》九守	仁、智、固、信、城溝、廉、戒、競、國

本表參考陳來《古代宗教與倫理：儒家思想的根源》（北京：三聯，1996）所製

從表格中可以清楚看到中國古代對德的認定，而這些認定跟孔子或孟子後來講的德，有同有異，也能看見「德」這個概念的演變。總之在春秋以前、在孔子以前，中國人就很強調德的重要性。

另外，《論語．公治長》講到孔子提出「老者安之，朋友信之，少者懷之」的理想，可見這種照顧老弱孤幼的思想，也不是孔子專屬而是繼承。《尚書．商書．盤庚上》中提到，在周朝即有「汝無侮老成人，無弱孤有幼」，《尚書．周書．無逸》也有「懷保小民，惠顯鰥寡」的想法。

直到現在像是博愛座、「請讓座給老弱婦孺」或是養老院的概念，都是從文化中照顧老弱孤幼的概念而來。這跟美國那種讓座給需要的人，或老人公寓的概念不同，因為在中華文化中，照顧老弱孤幼是很重要的文化價值。

除了強調德的重要，那個時代也強調「民」的重要。《尚書》裡很多地方都講到要崇德貴民，說君王的德很重要，老百姓的福利也很重要，也不是只有孔子這樣想，中國的先哲已經有重民的概念，更有民本、人本的想法。

像是《尚書．周書．酒誥》的「人無於水監，當於民監」，就是要君王不要拿水當鏡子，而是要以人民為鏡，從人民的反應就知道自己統治得好不好，有點像現在的民意調查。或是《孟子．萬章上》的「天視自我民視，天聽自我民聽」，《國語．鄭語》中的「民之所欲，天必從之」，《左傳．莊公三十二年傳》的「國將興，聽於民；將亡，聽於神」，皆是民本思想的呈現。

天命與秩序

我們現在聽到天命，都會以為是「生死有命，富貴在天」，但古人的天命觀跟我們想的不太一樣。西周以前的天命觀，指的是「天的命令」，就是老天爺很偉大，老天爺決定什麼就是什麼，所以在湯要伐桀或武王要伐紂的時候，都會說「唯有天命」。

陳來說：「西周的天命觀也肯定天命神異的主宰作用，但這種主宰作用不是體現為宇宙和人類安排了一個必然性的鏈條，而是根據事物的發展和人類的狀況隨時加以控制、干預和調整。」⓫他認為周朝的天命觀，是對一個超越我們的存在的肯

⓫陳來，《古代宗教與倫理：儒家思想的根源》，北京：三聯，1996，第192頁。

定，而不是那種「唉呀，一切都是命，半點不由人」，認為一切在冥冥中安排好了、確定結局，我們只是照著劇本演出來。

但妙的是，這個天命的存在會根據狀況而調整。簡單來說，就是天、君、人有著三角關係，就像左邊這張圖一樣：

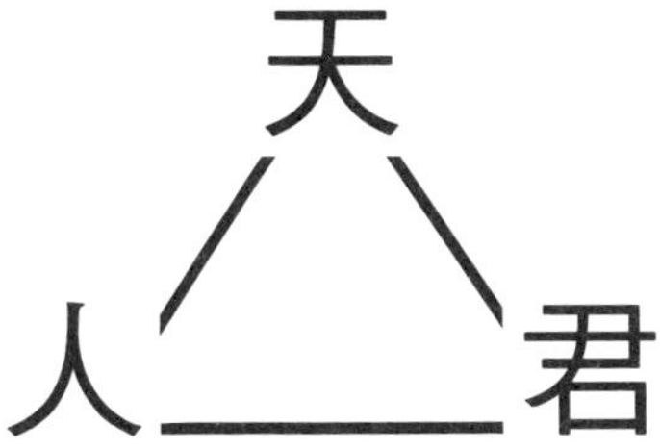

西周天命觀

其中，君統治人，但君的命來自於天，天要怎麼決定誰是君？就是從民的反應來決定；於是天、君、人不就合起來了嘛，變成一種循環關係，中國人就很喜歡這種循環的觀念。

我們一般以為，古代君王的命令非常重要與權威，要誰生誰就生，要誰死誰就死，人民是沒有力量的。但是西周的天命觀認為，人的聲音會被老天聽到，天命會隨著人民的聲音改變，於是「天命無常」，天命賜下的人間統治權不是永恆的，今天給你，明天可以收回來；君王要是做得不好，天命也可斷絕或改變。而「天命惟德」，因此誰有德，誰就有天命。

以這點來看，其實天命觀很像現代的民主選舉，如果你符合老百姓的想法，你的選票就會多；如果你做得很爛，選票就會變少，某種程度也是民意的反應。

總歸來說，從春秋到戰國這段期間，也就是孔子時代的大我脈絡，許多原有的秩序開始亂套，就像《春秋左傳．昭公三年》中，晉國叔向與齊國晏嬰對談提到的：「雖吾公室，今亦季世也。戎馬不駕，卿無軍行，公乘無人，卒列無長。庶民罷敝……君日不悛，以樂慆憂。公室之卑，其何日之有？」原來的禮樂都崩壞了，該做什麼事都不做，而原來的大家族也慢慢地崩解了。

好比政治原來是由公、諸侯來做的，結果變成是卿大夫主政，而朝廷也不像以前那樣受到重視，於是傳統的政治秩序崩壞了。《春秋左傳．昭公三十二年》也提到晉國大夫史墨說：「社稷無常奉，君臣無常位，自古以然。」講的也是自古以來的秩序正在逐漸消失。

除了政治秩序的崩解，還有文化上從神魔主義走向理性主義，巫文化與人文主義並存及影響社會；在思想上，重視德行並以人為本、以民為貴，只是當理想與現實相違背時，社會便處於動盪之中。

清朝學者顧亭林在《日知錄・周末風俗》中說：「如春秋時猶尊禮重信，而七國則絕不言禮與信矣；春秋時猶宗周王，而七國則絕不言王矣；春秋時猶嚴祭祀、重聘享，而七國則無其事矣；春秋時猶論宗姓氏族，而七國則無一言及之矣……」他還進一步說：「不待始皇之并天下，而文、武之道盡矣！」

意思是東周（戰國時期）最後並不是因為秦始皇才垮的，在孔子生活的春秋之後，還經歷了戰國時代，但孔子在當時已經看出來，整個社會君不君、臣不臣、父不父、子不子，沒一個樣子。春秋戰國已經亂到不行了，而秦始皇只是最後來收拾的那個人而已。

⓬ 除了實際翻閱古書以外，推薦讀者也可以參考一下「中國哲學書電子計畫」這個網站，有非常多的文獻資料可供查閱，相當方便。

附錄 孔子出生前之中國大事年表

中國紀元	西元紀年	事件內容	備註
	前 2550 年	黃帝	
	前 2450 年	顓頊	
	前 2372 年	帝嚳	
	前 2297 年	堯	
	前 2179 年	舜	
	前 2140 年	禹	夏朝始
	前 2095 年	啟	傳子始
	前 1763 年	桀	夏朝亡（湯伐桀）
	前 1711 年	湯	商朝始
	前 1324 年	盤庚	遷殷，始稱殷、殷商。
	前 1098 年	紂（帝辛）	
周武王十一年	前 1066 年	武王伐紂，戰於牧野，血流漂杵，滅商。	殷商亡
周武王十二年	前 1065 年	武王封帝叔鮮於管，叔度於蔡，立紂子武庚祿父為諸侯以至殷遺民，使管、蔡監之，封弟叔旦於魯而相周，是為周公。	

中國紀元	西元紀年	事件內容	備註
周成王元年	前 1063 年	成王繼位，年幼，周公聽政。	
周成王二年	前 1062 年	周公東征，討伐管、蔡、武庚。	
周成王六年	前 1058 年	周公制禮作樂	
周穆王五十年	前 925 年	穆王命呂侯作刑書，號稱《呂刑》，是中國較早的刑法。	呂侯又稱甫侯，《呂刑》又叫《甫刑》。
周夷王元年	前 869 年	天子地位衰微，天子下堂見諸侯	
周幽王三年	前 779 年	幽王寵褒姒，嬖之。褒姒不好笑，幽王欲其笑，為舉烽火，並擊大鼓，召諸侯來援，諸侯兵至，乃無寇。其後幽王屢舉烽火，諸侯不至。	
周幽王十一年	前 771 年	申侯引西夷、繒人、犬戎攻幽王，幽王舉烽火徵諸侯兵，兵莫至，遂殺幽王於驪山之下，擄褒姒。諸侯共立太子宜臼為平王。	
周平王元年	前 770 年	晉文侯、鄭武公、衛五公、秦襄公帥兵護送平王，入於洛邑。	東周始

中國紀元	西元紀年	事件內容	備註
周莊王十二年	前 685 年	春，齊雍稟殺無知，公子小白自莒入齊即位，是為桓公。 九月，齊人殺公子糾，而以管仲為大夫，執國政。齊桓公用管仲、鮑叔、隰朋、高傒，修齊國之政，連五家之兵，設輕重魚鹽之利，舉賢任能，齊國日強。	
周靈王二十一年魯襄公二十一年	前 551 年	孔子出生	《史記》作孔子出生為魯襄公二十二年

本表參考翦伯贊主編《中外歷史年表（公元前 4500 年～公元 1918 年）》（校訂本，北京：中華書局，2008）繪製

貳

2

關於孔子

——被誤讀的凡人

子曰：
「出則事公卿，
入則事父兄，
喪事不敢不勉，
不為酒困，
何有於我哉？」

孔子是怎樣生成的？

——有關孔子的文獻與真偽

在認識孔子之前，首先要了解的是，那些關於孔子生平的故事都是從哪裡得知的？先前我們也提到，所有的歷史其實都是現代史，都是後來的人寫的，除非你會穿越，否則我們誰都無法親眼看到孔子的生平。所以在看孔子的事蹟之前，也要知道這些書籍的著作背景與創作動機，才好判斷哪些說法可以更趨近真實。

中國近代思想家梁啟超在著作《孔子》中曾提到：「孔子事蹟，流傳甚多，但極須慎擇。」❶像《孔子家語》、《孔叢子》材料很豐富，但其實是魏晉人的偽作，不可相信；《史記》算是當中最靠得住的古書，但就算是《史記》的錯誤處也不少。所以孔子的事蹟可以《史記．世家．孔子世家》為底本，再和《左傳》、

《論語》、《禮記》及其他先秦子書來參證。

儒學家錢穆說：「孔子生平言行，具載於其門人弟子之所記，復經其再傳、三傳門人弟子之結集而成之論語一書。其有關於政治活動上之大節，則備詳於《春秋左氏傳》。其它有關孔子言行及其家世先後，又散見於先秦古籍如《孟子》、《春秋公羊》、《穀梁傳》……最後，西漢司馬遷《史記》採集以前各書材料成〈孔子世家〉，是為記載孔子生平首尾條貫之第一篇傳記。」❷

而中國民間文學學者陳金文則將孔子相關傳說分為三個時期（如五十三頁表一所述）❸：第一個時期是有關於先秦的文獻，如《論語》、《左傳》、《國語》等等，不同時期都有關於孔子的傳說，當然有些是直接聽到，有些則是一傳再傳。

第二時期就是兩漢到魏晉的文獻，其中《禮記》過去被認為是先秦的文獻，現在則被認定是漢朝以後、甚至到魏晉南北朝的書籍。《禮記》有非常多有關孔子、弟子跟周朝禮的描述。至於《孔子家語》因為中國國家主席習近平曾說過這本書很重要，結果就變得很暢銷；書中號稱所有跟孔子、孔家相關的都有收錄，但有些東西後來被發現文獻也是抄來抄去的。不過這也沒什麼，那時候的文獻那麼少，不像

---

❶ 梁啟超，《孔子》，台北：中華，1936（重印本），第1頁。

❷ 錢穆，《孔子傳》，台北：素書樓文教基金會，2000，第8頁。

❸ 陳金文，《孔子傳說的文化審美研究》，濟南：齊魯書社，2004，第33-34頁。

現在有網路隨時可以搜尋。

最後是唐朝以後到清朝的孔子文獻，這時期的文獻很多是出現於筆記小說裡，像孔子後代所作的《孔氏祖庭廣記》，就有孔子父親叔梁紇向顏氏求婚、孔子的奇異出生……這類從現在來看是怪力亂神的內容。但也有人說這是因為當時元朝是在外族的統治之下，所以創造孔子的奇異傳說、把孔子神化，主要是希望能震懾住當時的統治者。

只是有些神化和讚美，以現在的眼光看來實在難以理解，像是「孔子四十九表」——並不是說孔子喜歡收集手錶，那是模仿佛教的三十二相與八十種好。三十二相與八十種好是形容佛陀的形貌有許多特別之處，如手足柔軟、齒齊牙白、眉間白毛、頂髻等等……跟大家很不一樣。尤其八十種好之中有很多我們現代人不可理解的讚美，比如他的舌頭一伸出來可以覆到髮際，把整張臉蓋住，為什麼這會變成一種神蹟或讓人崇拜？我家的狗也有類似的能力啊；或是兩眉之間可以放出光芒，我覺得這挺酷的，但智慧型手機也可以，晚上還能當成手電筒……只是實在不明白這為什麼值得誇耀、當成讚美？

表1 歷代有關孔子傳說的文化

時期	孔子傳說	陳金文說明
先秦文獻	●《論語》 ●《左傳》 〈哀公十七年〉「孔子向郯子問鳥獸官名」 〈定公十年〉「孔子主持夾谷會盟」 〈哀公十四年〉「孔子見麟」 ●《國語》 〈魯語下〉「季桓子穿井獲羊」 「吳墮會稽獲巨骨」 「臣侯問肅慎氏之矢」 ●《莊子》 〈天道〉「孔子見老聃」 〈天地〉 〈天運〉 〈山木〉 〈大宗師〉 ●《墨子》 〈非儒下〉 ●《韓非子》 〈五蠹〉 〈外儲說左下〉 〈顯學〉	先秦時期是孔子傳說產生、傳播的第一個階段。這一時期紀錄、保存孔子傳說的，主要有上層社會的思想家和史學家。 那是一個百家爭鳴的時代，儒家學說雖已產生很大影響，但沒有取得獨尊的地位。因此這一階段文獻中的孔子傳說資料，雖也讚揚孔子的好學、博學及知禮，但他還沒有被神化。不少傳說對孔子還抱持否定和批判的態度，即使是《論語》中的傳說也不是一味地抬高孔子。 此外，因為這一時期與孔子生活的時代相去不遠，同時，孔子後學的著作又在記載孔子傳說的過程中發揮了比較重要的作用，因此，這時期文獻記載的孔子傳說與生平事蹟的聯結較為密切，具有一些信史（起源）的成分。歷史學家和哲學家比較重視這時期的孔子傳說資料，往往把它們視為研究孔子生平事蹟，或探討孔子思想觀念的信史資料加以引用。

時期	孔子傳說	陳金文說明
兩漢魏晉文獻	●《禮記》 〈檀弓上〉 〈檀弓下〉 〈射義〉 ●《韓詩外傳》 〈卷一〉「孔子遇阿谷處子」 〈卷三〉「魯有父子訟者」 〈卷五〉「孔子學鼓琴於師襄子」 〈卷六〉「簡子以兵圍孔子舍」 〈卷七〉「孔子困於陳、蔡」 〈卷七〉「孔子鼓琴」 〈卷九〉「皋魚三失」 ●《史記》 〈孔子世家〉 〈仲尼弟子列傳〉 ●《漢書》 〈五行志〉「哀公弔孔子」「季氏穿井獲羊」「陳侯問肅慎氏之矢」 ●《孔叢子》 ●《論衡》 〈實知篇〉「項橐七歲教孔子」「孔子將死遺讖書」 〈語增篇〉「文王千鍾，孔子百瓠」	進入漢代之後，隨著儒家文化在意識形態領域地位的提高，逐漸出現了神化孔子的傾向，加上筆記小說的作者在採用傳說時，較史學家或思想家更為關注傳說的文學性，所以這時期被保存、採用的孔子傳說已有了比較明顯的傳奇性。

時期	孔子傳說	陳金文說明
兩漢魏晉文獻	〈儒增篇〉 〈問孔篇〉 〈知實篇〉 ●《琴操》 「孔子困於匡」「孔子不入晉」「孔子傷政」「孔子嘆薌蘭」 ●《孔子家語》 ●《列子》 〈湯問〉 〈黃帝〉 ●《搜神記》 〈卷八〉「孔子見麟」 〈卷十二〉「季桓子穿井獲羊」 ●《小說》 〈卷二〉「周六國前和人」 〈卷二〉「顏淵斬蛇怪」 〈卷二〉「孔子途遇採桑娘」 〈卷二〉「子路逢虎」 〈卷二〉「孔子井」	
唐以後至清文獻	●《琱玉集》 〈聰慧篇第一〉「孔子遇路婦」 〈鑒識篇第三〉「楚王向孔子問萍實」「齊王問一足怪鳥於孔子」「吳墮會稽或巨骨」	唐以後至清，筆記小說的作者更多地參與孔子傳說的紀錄。這時期被紀錄的孔子傳說大都是幻想性的特點比較突出。

時期	孔子傳說	陳金文說明
唐 以後 至清 文獻	●《涌幢小品》（明）朱國楨 〈卷十六〉「聖表二則」「易主之始」「厄台二則」「翔鶴」孔子手植檜 ●《堅瓠集》（清）褚人穫 「宣聖授曆」「聖人前知」「端木子」「孔子與採桑娘」 ●《茶香室叢抄》（清）俞樾 ●《孔氏祖庭廣記》（金）孔元措 〈卷八〉「孔子父叔梁紇向顏氏求婚」「孔子奇異出生」「孔子與麒麟」「孔子四十九表」「孔子遺讖書」 ●《闕里誌》（清）陳鎬 〈卷四〉 〈卷十一〉 ●《闕里述聞》（清）鄭曉如	

本表參照陳金文《孔子傳說的文化審美研究》繪製

層層疊疊的《論語》：文化地層疊壓

古籍中記載最多孔子言論的，就是《論語》。談到《論語》，一般會引述《漢書．藝文志》裡的這段說法：「《論語》者，孔子應答弟子、時人，及弟子相與言而接聞於夫子之語也。當時弟子各有所記。夫子既卒，門人相與輯而論纂，故謂之《論語》。」說《論語》是在孔子死後，他的弟子將孔子講過的話集結起來。這裡的「論」，指的是大家討論這句話要不要收進來，而「語」就是孔子講的話，所以合起來叫做《論語》。

至於《論語》的版本也多有不同，像是在東漢王充的《論衡．正說》提到：「至武帝發取孔子壁中古文，得二十一篇，齊、魯二，河間九篇，三十篇。至昭帝女讀二十一篇……今時稱《論語》二十篇，又失齊、魯、河間九篇。本三十篇，分布亡失；或二十一篇。目或多或少，文讚或是或誤。」總而言之，論語到底多少篇？論語到底多少種？至今說法不一。

澳門大學教授楊義則以「文化地層疊壓」來形容《論語》的編纂，像疊羅漢一樣一個壓著一個。他認為《論語》起碼發生過三次重大的編纂，因而留下了三個歷史文化地層疊壓。

第一次的編纂是在《漢書．藝文志》看到「夫子既卒」、弟子守孝的時候，魯哀公十六年、西元前四七九年，他提到：「突出鄭玄❹所指認的主持者仲弓諸人，《古論語》篇章順序上，〈雍也〉緊跟〈學而〉、〈里仁〉排在第三；在開列『四科十哲』名單中德行科唯一在世的只有仲弓，名單中遺落了曾子、有子。切不可輕忽這個名單，從漢至唐的千百年間，孔廟配祀的四科十哲均封侯（孔子封文宣王後，顏淵晉升為公），曾子、有子、子張以下只能封伯。」

所謂孔門四科，就是德行、言語、政事、文學。德行科是顏淵、閔子騫、冉伯牛、仲弓，言語科就是宰我、子貢——子貢竟然排在宰我後面，這也是滿有趣的；政事科是冉有、子路。最後，文學科則是子游、子夏。後面章節我們會再另外討論四科十哲。

楊義認為《論語》的第二次編纂，是弟子廬墓守心孝三年期滿後（實際為二十五個月），魯哀公十八年、西元前四七七年。「子張、子游、子夏按殷禮推舉有

---

❹鄭玄，東漢哲學家。《論語注疏．解序》中提到，鄭玄云：（《論語》）仲弓、子游、子夏等撰定。

若出來主事，設人事變動而修纂《論語》，於是稱有若為『有子』，後面還增加了篇章邏輯上非常突兀的〈子張篇〉。不可忽視，《論語》首篇〈學而〉三稱『有子』，而且占居子曰後的第二章……其位置價值極其顯著，不應屬於仲弓主持編纂的遺留。這次編纂由於主持者群體變動，文化地層疊壓的痕跡相當明顯。」

最後一次編纂是曾子死了以後，由曾門弟子重修，這是在魯悼公三十五年、公元前四三二年，距離上次編纂已有四十五年。這次編纂強化曾子傳道的當然性。他說：「雖然保留了第一次編纂時〈先進篇〉的『參也魯』，但也增加了『曾子曰』在〈學而篇〉者二、〈里仁篇〉者一、〈泰伯篇〉者三、〈顏淵篇〉者一、〈憲問篇〉者一、〈子張篇〉者四。其中〈泰伯篇〉的『曾子有疾』二章，年代最晚，為曾門弟子憶述無疑。」❺所以曾子的弟子是在第三次才出現來編纂的，這就是又疊了一層。

---

❺楊義，《論語還原》，兩冊，北京：中華，2015，第10-11頁。

《論語》不是孔子寫的？

孔子當然不是《論語》的作者，他自己根本也不知道後來編了一本《論語》。而且很多古代書號稱的作者，其實可能只是編者而不是作者，這跟我們現在所謂「作家」的概念不太一樣，更可能是集體創作。所以，即使說作者是假的，也不影響內容本身。

但書籍撰寫的時代到底是不是那個時代？也是一個問題，像是跟孔子比較相關的《孔子家語》，有人說《孔子家語》是東晉王肅編的，也有人說王肅那個傢伙專門作偽書，所以那個不是真的。關於時代的問題，還有人以《尚書》為例，說《尚書》聽起來是夏商的官方文獻選集，可也有人說那文獻選集早就在秦始皇時期被一把火給燒光了，剩下的都是假的或是靠後來的人背出來的。

所以如果要很嚴格地看待的話，那所有古書都不能唸了，因為大概沒有什麼是真的；但你要是從另一個角度來看，先不管真偽的問題，那些其實都是古書，自然都可以唸。

所以，該怎麼讀《論語》？

想要認識孔子、儒學的人一定都會讀《論語》，但有時候卻讀出不一樣的解釋，這是為什麼？我想這跟詮釋經典的方法有關。那究竟該如何解讀才是比較正確的方式？

根據楊義教授的說法，他認為詮釋《論語》要三個步驟：

一、以史解經：論證《論語》成書於春秋戰國之際；

二、以禮解經：論證依據儒者「必也正名乎」原則，《論語》書名出自啟動編纂的初期；

三、以生命解經：從孔子與七十子生命痕跡上，解讀《論語》書名的本義。❻

我覺得這都算不錯的方法。另外，對於詮釋經典，我的老師、著名儒學家愛新覺羅毓鋆則說要「依經解經」，意思是說在解釋《論語》的時候，最好將相關的話語跟相關的概念串著來看，有點類似《聖經》的串珠版一樣。好比你看《論語》裡面相關章節有提到孝，那他的孝大概是指什麼？不要用後人的解釋，也不要去查字

---

❻楊義，《論語還原》，兩冊，北京：中華，2015，第74頁。

典，因為古代的概念不像現在那麼強調界定的精確性，只要大家都能理解，也就不用太細究。

另外，《論語》裡面的故事常常沒有時間和背景，到底那一句話是什麼時候說的？在什麼場合說的？有些可以推理出來，因為那故事有牽涉到其他人或其他事，可以在《左傳》或《國語》找到相應的事實，大致標定是幾歲的時候說的。但有時候也很難，比如孔子說「有教無類」這句話，你不知道他什麼時候說的，也不知道是不是夢話。

我自己除了以上幾種，還會多一個方法，就是比「依經解經」再多一個字：驗，「依經驗解經」。如果有些事情明顯不合乎經驗、不合乎常理，大概都有問題。譬如《論語．雍也》中提到：「伯牛有疾，子問之，自牖執其手，曰：『亡之，命矣夫！斯人也而有斯疾也！斯人也而有斯疾也！』」這裡就有些不合常理的地方。古注說伯牛得的是痲瘋病、傳染病，你想如果他有傳染病，孔子會去拉他的手嗎？還有，「斯人也而有斯疾也」這句話，傳統的說法都是：「唉呀！你就這樣的人才會得這樣的毛病呀！」去探病的時候，你會這樣說話嗎？一般都會說祝你早日康復吧？所以依照經驗，我會這樣理解：「像你這麼好的一個人，你的病一定會好起來的！」

所以以史解經、以禮解經、以生命解經、依經解經和依經驗解經，都是幾種值得參考的解經方式。

一次搞懂孔子的人生
——關於孔子的生平

關於孔子生平最可靠但問題也是有點大的資料，就是司馬遷在《史記》裡面所寫的〈孔子世家〉。如果你去上《史記》的課，我想老師會告訴你〈孔子世家〉傳聞錯誤不少，所以不能全以為是事實，只能將它做底本，再拿《左傳》、《論語》、《禮記》及其他書籍互相參考。

錢穆也提醒：「司馬遷之孔子世家，一則選擇材料不嚴謹，真偽雜揉。一則編排材料多重複，次序顛倒。後人不斷加以考訂，又不斷有人續為孔子做新傳，或則失之貪多無厭，或則失之審覈不精，終不能於孔子世家以外別成一愜當人心之新傳。」❼

---

❼錢穆，《孔子傳》，台北：素書樓文教基金會，2000，第8-9頁。

若說〈孔子世家〉材料不嚴謹、真偽雜揉，其實也不能都怪司馬遷，畢竟他那時候不像現在的書店、圖書館有這麼多資料，可以慢慢坐在那裡查。那時真的是行萬里路、讀萬卷書，方才記得。一個人腦子能有多好？有時候可能就真是記錯了，這事對我來說是情有可原的。

那麼比較嚴謹的著作如錢穆的《孔子傳》，他寫得非常嚴謹，只是有些古書確實沒有的，他也不太敢確定。下頁列出的孔子年表，是依據錢穆的著作整理而成，詳細記錄了孔子的生活大事；藉由這份表格，也能讓你對孔子的生平與經歷有初步的認識。

在接下來篇幅中，我們會就孔子的家世（包括他的父母親、妻子與小孩）、孔子的外貌、特殊事蹟與個性，甚至是他的幽默感來做介紹，希望對孔子做個更全面性的了解。

表2 孔子生平年表

魯國年代（西元前）	生平大事
魯襄公二十二年（551 BCE）	孔子生
魯襄公二十四年（549 BCE） 三歲	父叔梁紇卒
魯昭公七年（535 BCE） 十七歲	母顏徵在卒在前
魯昭公九年（533 BCE） 十九歲	娶宋并官氏
魯昭公十年（532 BCE） 二十歲	生子鯉，字伯魚。
魯昭公十七年（525 BCE） 二十七歲	郯子來朝，孔子見之，學古官名。 其為魯之委吏、乘田當在前。
魯昭公二十年（522 BCE） 三十歲	孔子初入太廟當在前。琴張從遊，當在此時，或稍前。孔子至是始授徒設教。顏無繇、仲由、曾點、冉伯牛、閔損、冉求、仲弓、顏淵、高柴、公西赤諸人先後從學。
魯昭公二十四年（518 BCE） 三十四歲	魯孟釐子卒，遺命其二子孟懿子及南宮敬叔師事孔子禮。時二子年十三，其正式從學當在後。
魯昭公二十五年（517 BCE） 三十五歲	魯三家共攻昭公，昭公奔於齊，孔子亦以是年適齊，在齊聞韶樂。齊景公問政於孔子。

魯國年代（西元前）	生平大事
魯昭公二十六年（516 BCE） 三十六歲	當以是年反魯
魯昭公二十七年（515 BCE） 三十七歲	吳季札適齊反，其長子卒，葬嬴、博間，孔子自魯往觀其葬禮。
魯定公五年（505 BCE） 四十七歲	魯陽貨執季桓子 陽貨欲見孔子，當在此後。
魯定公八年（502 BCE） 五十歲	魯三家攻陽貨，陽貨奔陽關。 是年，公山弗擾召孔子。
魯定公九年（501 BCE） 五十一歲	魯陽貨奔齊 孔子始出仕，為魯中都宰。
魯定公十年（500 BCE） 五十二歲	由中都宰為司空，又為大司寇。 相定公與齊會夾谷
魯定公十二年（498 BCE） 五十四歲	魯聽孔子主張墮三都。墮郈，墮費，又墮成，弗克。孔子墮三都之主張遂陷停頓。
魯定公十三年（497 BCE） 五十五歲	去魯適衛 衛人端木賜從遊。
魯定公十四年（496 BCE） 五十六歲	去衛過匡。晉佛肸來召，孔子欲往，不果，重反衛。
魯定公十五年（495 BCE） 五十七歲	始見衛靈公，出仕衛，見衛靈公夫人南子。

魯國年代（西元前）	生平大事
魯哀公元年（494 BCE） 五十八歲	衛靈公問陳，當在今年或明年，孔子遂辭衛仕。 其去衛，當在明年。
魯哀公二年（493 BCE） 五十九歲	衛靈公卒，孔子在其卒之前或後去衛。
魯哀公三年（492 BCE） 六十歲	孔子由衛適曹又適宋，宋司馬桓魋欲殺之，孔子微服去，適陳。遂仕於陳。
魯哀公六年（489 BCE） 六十三歲	吳伐陳，孔子去陳。 絕糧於陳、蔡之間，遂適蔡，見楚葉公。 又自葉反陳，自陳反衛。
魯哀公七年（488 BCE） 六十四歲	再仕於衛，時為衛出公之四年。
魯哀公十一年（484 BCE） 六十八歲	魯季康子召孔子，孔子反魯。自其去魯適衛，先後凡十四年而重反魯。 此下乃開始其晚年期的教育生活，有若、曾參、言偃、卜商、顓孫師諸人皆先後從學。
魯哀公十二年（483 BCE） 六十九歲	子孔鯉卒

魯國年代（西元前）	生平大事
魯哀公十四年（481 BCE） 七十一歲	顏淵卒。 齊陳恆弒其君，孔子請討之，魯君臣不從。是年，魯西狩獲麟，孔子春秋絕筆。春秋始筆在何年，則不可考。
魯哀公十五年（480 BCE） 七十二歲	仲由死於衛
魯哀公十六年（479 BCE） 七十三歲	卒

1. 本表出自錢穆《孔子傳》，格式經過孫中興編輯。
2. 西元年代為孫中興所加
3. BCE 是 Before Common Era 的縮寫，不用傳統基督宗教意味濃厚甚至錯誤的 BC（= Before Christ）（耶穌並不生在那一年）。

附錄 孔子周遊列國路線圖

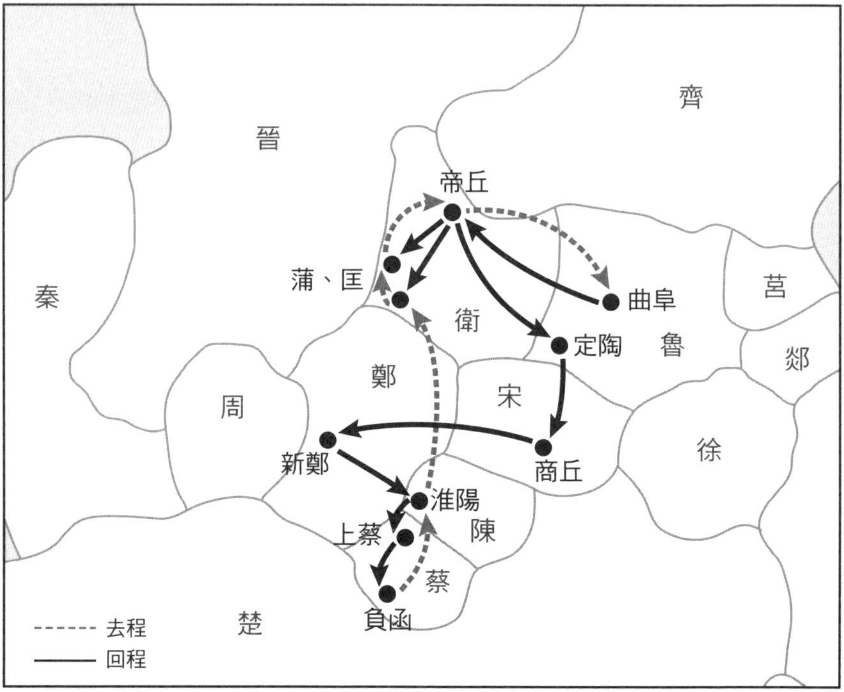

帝丘（濮陽）　蒲、匡（長垣）　曲阜　定陶

商丘　新鄭　淮陽　負函（信陽）

※ 可用手機掃一掃，看到孔子周遊列國的這些地點更多資料。

孔子的家世：父母、妻與子女

英文有個字叫 hagiography，中文叫做聖人傳記，似乎是從西洋基督宗教開始，人們在講聖人的時候都會有一種固定的寫法，第一個一定要寫出他的家世，好像這些聖人、賢人如果沒有顯赫的家世，便顯不出他的「聖」似的。這種古代作法，就是讓你覺得他天縱英明、上帝很喜歡他，所以才會給他一個好祖先。

好比在王肅的《孔子家語．本姓解》中提到：「孔子之先，宋之後也。微子啟，帝乙之元子，紂之庶兄，以圻內諸侯，入為王卿士……」簡單來講就是告訴你，孔子的祖先是商朝的貴族。接下來說：「弗父何生宋父周，周生世子勝，勝生正考甫，考甫生孔父嘉，五世親盡，別為公族，故後以孔為氏焉。一曰孔父者，生時所賜號也。是以子孫遂以氏族。」則是講孔子姓孔的幾種說法。

就古代的宗法制度來說，姓氏是由嫡長子繼承，於是從第一個共同的祖先開始，往下傳五世之後，你基本上跟其他人就沒有什麼關係了，可以別立一支，自己選一個姓氏。所以孔子的祖先不姓孔，這或許是現代人比較不了解的邏輯。

孔子姓孔沒問題，但孔子的爸爸叫叔梁紇，這也很奇怪，按理他不是應該叫孔叔梁紇嗎？但也有別的書寫說是字叔梁、號紇，或者名叔梁、字紇，也有寫孔紇的。但其實我們不必追究，那時候挺亂的，是越到後面就越來越清楚，這是姓氏制度的一個演變，只是剛好在孔子的事情上展現出來。

孔父孔母是野合？

《孔子家語》中提及孔子的家人：「孔父生子木金父，金父生睪夷，睪夷生防叔，避華氏之禍而奔魯，防叔生伯夏，伯夏生叔梁紇，雖有九女，是無子，其妾生孟皮。孟皮一字伯尼，有足病……」說孔家人在孔子的曾祖父防叔這一代，因為要躲避華氏之禍，從原本住的宋國（今河南）跑到了魯國（今山東）；然後孔子的爸爸叔梁紇雖然生了九個女兒，卻沒有兒子，只有後來娶的妾為他生了一個兒子，叫孟皮。

那「孟皮一字伯尼，有足病……」，你一看就知道當時是有美語教育的，像伯尼就是Bernie嘛！芝麻街裡面不是有一個叫Bernie的嗎？孟皮叫伯尼就這樣來的，所以孔子又叫仲尼，就是Johnny對吧？一定是有上過美語教室的！

因為孟皮有足病——就是腳不太好，所以雖然是個兒子，但對某些人來說仍是不夠完整，於是為了子嗣，叔梁紇最後去顏家求婚。

接下來有段故事記載於《孔子家語》，但《史記》裡沒有。

「顏氏有三女，其小曰徵在，顏父問三女曰：『陬大夫雖父祖為士，然其先聖王之裔，今其人身長十尺，武力絕倫，吾甚貪之，雖年長性嚴，不足為疑，三子孰能為之妻？』二女莫對，徵在進曰：『從父所制，將何問焉？』父曰：『即爾能矣。』遂以妻之。」

用現代的說法，其實這故事一開始就劇透了，因為顏氏有三個女兒，但老大、老二都沒有名字，只有最小的女兒有名字，叫顏徵在，這不是劇透是什麼？而且所有的故事都是要有「三個」什麼，三是一個非常重要的數字，所有故事內容都是第一個說什麼、第二個說什麼，然後第三個說的就是一個翻盤。

顏氏問三個女兒，這個叔梁紇的父祖輩官位不高，卻是古代聖王的後裔，而且他身長十尺（換算起來可能有兩百多公分啊，所以有的書說孔子身高一百九十公分也是有可能的），武力絕倫……雖然年紀稍微大一點，個性也很嚴肅，妳們三個誰能嫁給他？

你看看，這都是現代的徵婚條件裡最差的人，比如嚴肅，如果女方問說你的興趣是什麼？讀書，講不講笑話？不講，看不看電影？不看，唱不唱歌？不唱，那你還活著幹嘛？

最後，果然只有小女兒顏徵在回答父親：「爸！你決定就行，女兒就照辦。」你看，多麼乖順的孔媽媽，對吧？

於是，「徵在既往，廟見，已夫之年大，懼不時有勇，而私禱於尼丘之山以祈焉，生孔子，故名丘，字仲尼」。那顏徵在嫁給叔梁紇之後，因為知道先生年紀很大，怕他哪一天就掛了，畢竟人家娶個年輕太太就是希望自己有子嗣，所以她就到尼丘之山這個地方祈禱，希望能夠生一個兒子。後來，這個兒子取名叫丘，字仲尼，也就是孔子。

《史記．孔子世家》的記載則是寫到：「紇與顏氏女野合而生孔子，禱於尼丘得孔子。魯襄公二十二年而孔子生。生而首圩頂，故因名曰丘云。字仲尼，姓孔氏。」其中最尷尬就是這個「野合」，因為反對孔子、恨孔子的人根據這點就說，你看，他老爸跟他老媽就是在野地裡做起那件事。

拜託！那裡天氣很冷耶！除非叔梁紇身體非常好，不然怎麼在野地裡辦事情？野合呢，我覺得比較正式的解釋是因為兩人的年紀相差太大，所以他們的結合是比較不合乎禮的。另外一個解釋也很合理：他們兩個結婚其實是沒有經過正當的程序，像是納采、納名、請期、親迎等六禮，才說是野合，這也是一個比較合情合理的解釋。

到了孔子三歲的時候，爸爸就死了，因此孔子完全沒有關於爸爸的記憶。

至於為什麼孔子的名字叫丘？這件事情有必要講一下。

《史記．孔子世家》說孔子「生而首圩頂，故因名曰丘云」，因為他的頭啊四面高中間低，所以叫他「丘」。但我想，不是吧？誰生出來是這樣的？我從來沒看過哪個小孩是頭頂四面高、中間低，是在做派皮還是怎麼樣？沒人長這樣啊！但是有一次，我去華納威秀看電影時，發現那個威秀寶寶的頭就是四面高、中間低，我一看到它就知道了，原來威秀寶寶是「丘」啊！

孔子之所以叫做丘，我覺得很簡單，因為是他的父母「禱於尼丘山」嘛！畢竟對他們來說那是一個紀念地，就像我的同輩裡面有人如果是在重慶生的，就會叫什麼渝生，那在台灣出生的就會叫台生，就是紀念那個地方。同樣地，我覺得他就是因禱於尼丘山，所以叫做丘，而不是真的頭頂長那樣；不然的話，孔子可能是殘疾人啊。

出生時，天有異象？

到了元朝，有一個孔子的後代叫孔元措，寫了本《孔氏祖庭廣記》記錄祖先的故事，裡頭關於孔子的出生有一些神異的記載。比如說孔子出生的那天晚上，「有二龍繞室，五老降庭」，你想如果有兩條龍在上空繞著不去，還有五個老人從天空降下來，這是外星人吧？明明就是外星人登陸地球。

然後還不只如此：「顏氏之房聞奏鈞天之樂，空中有聲云感生聖子，故降以和樂笙鏞之音。」哇！那時候還有音樂呢！鈞天之樂就是非常非常好的音樂，我都能想像這時空中傳來一個聲音：「感生聖子……」

對於出現這種神異的記載，有人解釋說，那是因為元朝是被異族統治，漢族武力上打不過異族，就要在思想上呼嚨他，告訴他們孔子就是這麼神聖。所以，如果你很認真地以為，孔子不是說不語怪力亂神，覺得他的子孫把他寫成這樣很不應該的話，那也看得太嚴肅了。我相信當時是要呼嚨元朝才會故意這樣寫。

到了一樣是被異族統治的清朝，也出現類似的神異記載，像是楊方晃寫的《至聖先師孔子年譜》，就稱孔子的媽媽為聖母。書中還說：「妊十有一月而生孔子。有文在胸曰：『制作定世符』。」孔子的媽媽懷胎十一個月生下孔子，孔子一生下來胸部就有字。人家岳飛是媽媽在背上刻字，但孔子是生下來胸部就有字，寫著「制作定世符」，就是說這傢伙是來統治世界的。

這個呢，大概也是為了嚇唬異族，說我們漢人很厲害，滿人雖然打敗漢人，但你看我們的孔子是上帝派來、是神明派來的，大概是有這樣的意思在其中，而不是真的有神異現象啊！

孔家人都休妻？

《孔子家語》提到，孔子在十九歲的時候娶了并（或作亓，ㄐㄧ）官氏為妻，一年以後生了個兒子叫孔鯉，字伯魚。不過，古書對於孔子跟妻子之間的互動，幾乎沒有記載，甚至後來還有孔子休妻的傳聞，就連我之前在大陸上課，也有學生拿孔子三代休妻的問題來問。

我想會有這樣的傳聞，跟《孔子家語．後孔安國序》的說法有關。書裡說：「自叔梁紇始出妻，及伯魚亦出妻，至子思又出妻，故稱孔氏三世出妻。」這裡的出妻就是休妻之意。好，照這樣看來孔家也太不像樣了吧？叔梁紇就是孔子的爸爸，他出妻（第一代），孔子的兒子伯魚出妻（第二代），然後伯魚的兒子、也就是孔子的孫子子思也出妻（第三代），所以孔家確實是三代出妻。

但這裡的三代出妻沒講到孔子啊？如果孔子也出妻，那應該是四代出妻而不是三代啊，所以孔家其實應該是「只有孔子沒有出妻」，其他三代都出妻了，就這個意思，就這麼簡單。可為什麼大家都喜歡講孔子出妻？這就像大家都喜歡看台大人出一點糗事，好比台大人過馬路摔一跤會是新聞，因為大家嫉妒你又恨你啊！台大人最好出點事，只要你出事，大家就會覺得，耶！老天爺是公平的！對於孔子大概也是這種心情。

君子就要遠其子？

孔子跟妻子的記載很少，跟兒子伯魚的記載也不多。《論語．季氏》中，「陳亢問於伯魚曰：『子亦有異聞乎？』」的故事，是少數提到孔子與兒子互動的記載。

陳亢有一天問孔子的兒子伯魚：「你是不是有一些是你老爸教你，但沒教我們這些學生的啊？」

伯魚就傻傻地說：「我也不知道我爸怎麼教你們這些學生，我只知道有一天我想溜出去玩，結果老爸站在那兒。他叫住我，說：『站住！你學詩了嗎？』我說沒有。他就說：『你不學詩，將來怎麼知道要在公開場合跟人家說什麼話？回去！』」

所以他就回去學詩。然後又有一天，伯魚又要偷偷溜出去，又被孔子逮住。這次孔子問：「學禮了嗎？」伯魚又說沒有，孔子說：「不學禮，你將來根本就沒辦法在社會上立足，回去！」於是伯魚又退回去了。

從這兩個人的互動來看，你會覺得這是親愛的父子關係嗎？我覺得這是一個非常奇怪的父子關係，兒子學了詩沒、學了禮沒，老爸竟然都不知道？

故事的最後，陳亢退而喜曰：「問一得三，聞詩，聞禮，又聞君子之遠其子也。」這裡說的「君子遠其子」，很可惜後來竟成為中華文化之中父子關係的榜樣，說這個君子呢，不要跟小孩太靠近，以至於後來的父親都覺得跟兒子的關係不好也很正常。

但微妙的是中華文化卻有一種隔代情，爸爸跟兒子關係不好，但爺爺跟孫子關係卻很好。好比《孔叢子．記問第五》有這麼一段記載，說「夫子閒居，喟然而歎」，孔子有天沒事做，感嘆了起來，他的孫子子思就問：「怎麼這樣嘆息呢？是不是覺得我們這些子孫都不成材啊？還是你恨你自己生得太晚啦？沒跟堯舜同一個時代啊？」你看，這孫子靈巧吧，都知道爺爺喜歡聽什麼。

孔子跟子思說：「我想做的你哪裡會懂啊？」子思回答：「我聽過爸爸擔的柴，要是兒子擔不起來，那就叫不孝！所以每次想到這事就很緊張，我怕自己玷汙了祖先，或不像爺爺您那麼厲害，所以我每天都很努力。」最後，孔子笑著說：「唉呀！你這麼努力，我們孔家有希望啦！」可見孔子跟孫子的感情很好。

其實孔子不只生了兒子伯魚，也有一個女兒，可惜只有暗暗出現過，像是在《論語．公冶長》裡提到：「子謂公冶長，『可妻也。雖在縲絏之中，非其罪也』。以其子妻之。」這裡的「以其子妻之」當然不是說孔子把兒子伯魚許配給他，不是在講多元成家，而是說孔子把女兒嫁給了公冶長。但這個女兒在這樣被淡淡提起之後，便沒有其他了。

長人、佛陀還是喪家犬：孔子的型與貌

我們沒有人見過孔子，但他究竟長什麼樣？根據《史記》的說法：「孔子長九尺有六寸，人皆謂之『長人』而異之。」這個九尺六寸大概是一百九十公分，但也有人說是兩百一十幾公分，不管是哪一個都可以想見孔子長得很高。元朝《孔氏祖庭廣記》，就是孔元措寫的這本呢，說：「先聖長九尺六寸，腰大十圍，凡四十九表：反首洼面、月角日準，手握天文，足履度字……」裡面不只說他長得高，還有很多記載把孔子講得跟佛陀差不多。

不過《孔氏祖庭廣記》有一段描述，是說孔子「其頭似陶唐，其顙似虞舜，其項類皋陶，其肩類子產，自腰以下，不及禹三寸」，這段話顯然是抄自《史記·孔子世家》裡「喪家之狗」的段落，說孔子像喪家之狗。

為什麼會這樣說？根據記載，孔子在鄭國的時候和學生走失，一個人在東門徘徊，於是有個鄭國人告訴子貢，東門那邊有個人頭長得像皋陶（夏朝賢臣）、肩膀長得像子產（春秋政治家）……然後說這個人「纍纍若喪家之狗」。各位看過喪家之狗嗎？一隻狗走丟了，其實是看得出來的，因為家犬通常不會亂看的，流浪犬也不會亂看，只有走失的狗才會一直左看右看、一直找主人，那就是喪家之狗。因此這個鄭國人才說，孔子看起來就像一隻喪家之狗。

孔子如何看自己？

無論別人眼中的孔子有多少種樣貌，是好是壞，他又是怎麼看待自己？或者，孔子希望自己成為什麼樣的人？在《論語．為政》中有一段孔子的自述，說：「吾十有五而志於學，三十而立，四十而不惑，五十而知天命，六十而耳順，七十而從心所欲，不踰矩。」

孔子說自己十有五而志於學，重點在於「志」這個字。現在很多人都沒有志，我們的教育裡也沒有訓練學生要有志。大部分的人應該寫過一種作文叫「我的志願」，小學常常有這件事，寫這題目雖然老套，但還能提醒你對於「志」的注意；到了高中，還有老師叫你寫「我的志願」嗎？你的志在那時候變成只要考上好的大學而已了。

很多人完成志向、唸了大學、讀很多書、交了很多朋友、似乎過得很盡興，但到底認不認識自己？知不知道自己要做什麼？等到畢業了，只要你不嫌棄、努力一點，大概三十歲以前都能就業，找到不錯的工作，然後呢？一直做做做做到四、五十歲，平安無事，最後卻發現自己找不到活著的意義。

志是你心之所主，一輩子想要做的事，找到自己的「志」是人生中非常重要的事情。如果你會處理生活，也要懂得處理生命。

讀到這，你或許可以好好想一想，自己的心之所向究竟是什麼？

還有，孔子對於禮節的知識非常豐富，因此這裡的三十而立，指的是立於禮的意思。那四十而不惑呢？我的老師說孔子是「不惑於欲」，說他對各種欲望像金錢、美色等等，不會再有困惑。而我覺得這個不惑於欲的「惑」呢，是指情緒控制得宜，不會情緒來了，就什麼都忘了！

另外，孔子也覺得自己是好學之人。在《論語．公冶長》裡，他說：「十室之邑，必有忠信如丘者焉。不如丘之好學也。」意思是要找個忠信的人，或是道德上很純樸的人很多，可是如果要找到像我這麼好學的人，你們找不到，沒人像我這麼好學。

希望別人如何看自己？

前面談的是孔子怎麼看自己，這裡要討論的是在別人眼中，孔子是一個什麼樣的人？或者說，孔子希望別人怎麼看自己？這就像社會學說的「自我」跟「他者」一樣。以現在的社會學來說，有時候你展現出來的形象，是根據他人對你的形象所作的一個修正，那麼孔子也是這樣嗎？

《論語．述而》提到，有一次葉公（要唸成ㄕㄜˋㄍㄨㄥ）問子路，你們老師是什麼樣的人？可是子路對這人不太爽，不願意回答他。孔子知道以後，便說：「唉呀，何必這樣呢？你就跟他說我們老師啊，其為人也，發憤忘食，樂以忘憂，不知老之將至。」可以看出孔子希望人家認為他不求什麼，是個有自得之樂的人。

說孔子樂以忘憂，表示他也有憂慮。一個聖人的憂慮是什麼？《論語．述而》

記載了孔子的四個憂慮：「德之不脩，學之不講，聞義不能徙，不善不能改。是吾憂也。」這當然就是在講他自己啦！他怕自己不修德、不講學，然後聽到了好的也不能改，不善也不能改，擔心自己變成那樣的人。

怕自己這樣、怕自己那樣，聽起來孔子好像是個很嚴肅的人？並非如此，孔子不僅不嚴肅，甚至很喜歡唱歌。《論語．述而》也說：「子與人歌而善，必使反之，而後和之。」如果聽到人家唱歌唱得好，他會跟人家說，欸，你唱得很好，可不可以再唱一遍，然後他就會跟著在旁邊合唱。這是孔子很活潑的地方，但很多人都忽略了，只以為孔子是個很嚴肅的人。

孔子的交遊：與他者的互動

關於孔子的生平故事，歷史上有非常多的記載，有些是真實，有些是後人穿鑿附會，但即便是被公認為比較正確的《史記．孔子世家》，都還是不免出現許多有爭議的內容。只是，不管準確度為何，《史記．孔子世家》仍舊提供了後人對於孔子的生活想像，讓人對於他的生命歷程、性格、處事的原則也有更清楚的認識。

孔子見老子

「魯南宮敬叔言魯君曰：『請與孔子適周。』魯君與之一乘車，兩馬，一豎子俱，適周問禮，蓋見老子云。辭去，而老子送之曰：『吾聞富貴者送人以財，仁人者送人以言。吾不能富貴，竊仁人之號，送子以言，曰：「聰明深察而近於死者，好議人者也。博辯廣大危其身者，發人之惡者也。為人子者毋以有己，為人臣者毋以有己。」』孔子自周反于魯，弟子稍益進焉。」（《史記．孔子世家》）

孔子年輕時（大概十七歲），在周（今陝西）那邊見到老子。但也有人說這年代應該是錯的，因為孔子那個時候還太年輕，怎麼會去見老子？而且還有一個記載寫著他對老子說：「吾道不行。」不過十七歲的時候連道都還沒行，怎麼可能見到老子會說這樣的話？但孔子見老子這個記載實在太有趣了，只要是先秦諸子都不會放過這個故事，所以大家都根據這個故事來瞎掰一下。就像現在很多人在什麼網站上一看到有意思的東西，哈，不留言實在是太可惜了，是差不多的意思；所以先秦諸子也是這樣，到處留言。

接著老子就告誡孔子：「有錢的人送人錢，那像我們這種沒錢的人，好歹也是個好人，那我就送你幾句話吧！你這種好議人的人要小心，人家聽你的話不爽，很容易就把你給幹掉；你愛發人之惡，看不慣就出來仗義執言的人，要小心哪，人家也會散布謠言把你搞臭；當別人的臣、別人的小孩，就不要太堅持自己的意見。」潛台詞是：因為我窮啊，我小氣啦，好唄！那我就送你幾句話，不用錢啦！

老子這番話是隨便說說而已，還是深怕孔子是「好議人者」和「發人之惡者」，要特別警惕，還是要告知為人子和為人臣的「無我」，要「順服權威」？只是同樣的故事，在《史記．老子韓非列傳》卻記載「孔子適周，將問禮於老子」❽，而老子說，如果輪得到你來做，你當然就去做嘛！輪不到你，你就閃唄；又告訴孔子：「良賈深藏若虛，君子聖德容貌若愚。」好的生意人永遠把好貨藏起

---

❽「孔子適周，將問禮於老子。老子曰：『子所言者，其人與骨皆已朽矣，獨其言在耳。且君子得其時則駕，不得其時則蓬累而行。吾聞之，良賈深藏若虛，君子盛德容貌若愚。去子之驕氣與多欲，態色與淫志，是皆無益於子之身。吾所以告子，若是而已。』」（《史記．老子韓非列傳》）

來，告訴別人貨賣完了，現在飢餓行銷不都這樣嘛！然後，君子看起來要像一個傻子，大智若愚。最後，老子提醒孔子：「去子之驕氣與多欲，態色與淫志，是皆無益於子之身。」多欲不是色欲啦，而是孔子什麼東西都志在必得、要治國平天下，野心太大，想要的東西超過自己的能力，這些都對孔子本身沒有幫助。

但我想，這個故事只是強調老子希望一個人不要鋒芒太露，柔弱一點，不要太剛強，只是他跟孔子的路線剛好相反，因此當然會給出這樣的建議啦！不過有趣的是，《史記》對於同一件事情的記載，在不同篇章卻有不一樣的內容。

齊景公問孔子

「景公問政孔子，孔子曰：『君君，臣臣，父父，子子。』景公曰：『善哉！信如君不君，臣不臣，父不父，子不子，雖有粟，吾豈得而食諸！』他日又復問政於孔子，孔子曰：『政在節財。』景公說，將欲以尼谿田封孔子。晏嬰進曰：『夫儒者滑稽而不可軌法；倨傲自順，不可以為下；崇喪遂哀，破產厚葬，不可以為俗；游說乞貸，不可以為國。自大賢之息，周室既衰，禮樂缺有閒。今孔子盛容飾，繁登降之禮，趨詳之節，累世不能殫其學，當年不能究其禮。君欲用之以移齊俗，非所以先細民也。』後景公敬見孔子，不問其禮。異日，景公止孔子曰：『奉子以季氏，吾不能。』以季孟之閒待之。齊大夫欲害孔子，孔子聞之。景公曰：『吾老矣，弗能用也。』孔子遂行，反乎魯。」（《史記．孔子世家》）

孔子到了齊國的時候，齊景公便來問政。孔子說君君，臣臣，父父，子子，聽起來像在講相聲；齊景公一樣也很像相聲地跟著說：善哉！信如君不君，臣不臣，父不父，子不子……如果大家都不照著本分做事，社會就會亂，亂了以後呢？農人不好好種田，也不會好好繳納賦稅。

過幾天，齊景公又來問政，孔子又說政在節財。不過「政在節財」這句話，在《論語》或其他相關儒家經典裡沒有出現類似的話，這句其實是出現在《韓非子》。而聽到孔子說政在節財之後，景公就很高興，打算把田地封給孔子——以前古人封賞不是給錢的，是給田，這塊田就是你的，田裡有人耕種這個那個，收成的時候你就跟他分。

但當時齊國的政治家晏嬰告訴齊景公，儒家的人驕傲得很，不可為下，他覺得自己比你還偉大，要他們來當臣子是不會服你的；而且這些人對喪事很在乎，就算是傾家蕩產也要辦一場好喪禮——聽起來，孔子可以說是殯葬業的始祖，因為他們對禮、對細節是非常重視。

所以從晏嬰的觀點來看，儒家就是花太多時間在禮節上面。要知道那個時代已經是禮樂崩壞的時代，但孔子還是非常講究穿著，行動也講究禮法，哪裡要鞠躬，哪裡要怎麼樣……把禮節搞到非常繁瑣的地步。晏嬰說齊景公要拿這些來教導老百姓，這不是辦法啊！太繁瑣了，老百姓沒那個耐心。

當然也因為晏嬰是齊國自己人啦，於是齊景公聽完他的說法，再見到孔子時也不再問禮，只表示有人說你們太麻煩了，我不問了！於是孔子來見齊景公，也沒有受到重用。尤其到了後來，齊國大夫還想加害孔子，要找個機會把他給殺了。這件事孔子也聽說了，但齊景公說：「我老了，起不了什麼作用了！」最終孔子只得離開齊國。政治真是非常詭譎、現實的。

非善即惡、非黑即白：孔子的性格

既然是從社會學的角度來認識孔子這個「人」，必然要來看看他是怎樣的個性？以我們對孔子的既定印象，想到他只會浮現一個聖人的形象，嚴謹、不苟言笑，似乎不好親近，是個相當正直、守禮的人。不過，孔子真的就是這樣的個性嗎？關於這一點，古籍上有沒有什麼記載？

魄力與決斷

「定公十四年，孔子年五十六，由大司寇行攝相事，有喜色。門人曰：『聞君子禍至不懼，福至不喜。』孔子曰：『有是言也。不曰「樂其以貴下人」乎？』於是誅魯大夫亂政者少正卯。與聞國政三月，粥羔豚者弗飾賈；男女行者別於塗；塗不拾遺；四方之客至乎邑者不求有司，皆與之以歸。」（《史記・孔子世家》）

這件事也叫做「誅少正卯」。魯國有一個傢伙叫少正卯，孔子看他很不爽，雖然他也沒做過什麼殺人放火的壞事，但孔子當政的第一天就把他給殺了。

魯定公十四年，孔子那年五十六歲，行攝「相事」，有人說相事是當宰相，有人說只是賓相、一個典禮的那個司儀而不是宰相，但總之，孔子因為相事很高興而面露喜色。

於是有弟子問孔子：「老師不是說禍來了不要怕，福來了也別喜嗎？」孔子回答，是有這句話，而且還引用了一句別人的話，說：「最快樂的事不就是有一堆人在我手下受我指使嗎？」而少正卯這傢伙等於在戒嚴時期思想叛國，於是便把少正卯殺了。

那少正卯到底做了什麼壞事？在《說苑》與《孔子家語》都有提到他「心逆而險」。一、這傢伙心裡非常陰險。但心裡陰險也不致於犯罪呀！他心裡陰險是他的事；二、行僻而堅，指這個人行為有問題；三、言偽而辯，講話有問題；四、記醜而博，他記憶力有問題；五、順非而澤，這個到底什麼意思？具體我也不知道，但孔子因為這五個罪狀便把少正卯給殺了。

不覺得這整個故事聽起來都怪怪的?所以儒家的後繼者會質疑有這樣的事嗎?為了這樣就殺人不太對吧?而且很多書裡沒有類似記載,也不承認有這樣的事。但認為有這件事的是誰呢?在荀子的書裡,荀子把這件事大肆宣揚,所以後來很多儒家的人因此很討厭荀子,都是他啦,把孔子搞成這樣這很難看耶!不過荀子後來變成法家的始祖,他強調禮跟法,這個故事真的很配合禮跟法啊。

認為誅殺少正卯這件事根本沒發生過的人會說,孔子曾告訴季康子:「子為政焉用殺。」搞政事幹嘛需要殺人?要以德服人,而不是以力服人。如果些話真是孔子說的,那孔子又怎麼會在自己當官以後就殺人呢?而且還是沒有道理的殺人。他也說過「必也使無訟乎」,連官司都不要打,讓雙方自己好好地解決問題,為什麼這時候就靠殺人,不靠說服呢?

所以,除非你相信孔子的性格不一致,誅殺少正卯才會是合理的;但如果你相信孔子的性格一致,那《史記》的記載可能就有問題。下一個問題就來了:如果是虛構的,為什麼司馬遷要把它寫進去?或許可以這麼解釋,由古代的觀點來看,這樣的行為會被認為是個非常有魄力的統治者,能把不適當的人、事預先處理掉,社會便也跟著穩定。

這是為了「大多數的人好」，for the greater good，即使在現今的社會也可能出現類似的事，為了人民的自由、為了領土的完整性、為了國家安全，只要任何人有破壞的意圖，可以不經審判把他關起來。或許司馬遷記下這故事的用意正是如此。

氣節與信用

假如要講中國歷史上誰最倒楣？我想孔子絕對可以排進前十名。他倒楣排行榜很長的，在周遊列國十四年之間，除了先前提到齊國大夫想要殺他之外，也發生過許多的危機事件。

「孔子去曹適宋，與弟子習禮大樹下。宋司馬桓魋欲殺孔子，拔其樹。孔子去。弟子曰：『可以速矣。』孔子曰：『天生德於予，桓魋其如予何！』」（《史記・孔子世家》）

這是發生在孔子到了宋國之後。有一天，他與弟子在大樹下習禮——可見孔子真是是弦歌不絕，非常重視禮節，而且不管在哪裡都要練習，絕對不是只有在那邊唸書而已，還有實習課。

簡單來說，宋國的司馬桓魋要殺孔子，於是拔起樹——我想當他到大樹下的過程中可能有大喊：「我要殺了你！」之類的，接著就把那棵樹拔起來……請問關那棵樹什麼屁事？幹嘛把樹給拔了？相當不合理。

有人猜測是不是因為孔子事先得知而走人了，所以等司馬桓魋的大批人馬趕到的時候，欸，人全不見了！於是一氣之下就把那棵樹給拔了。當然這是一種解釋，不然難道是一大批人到那邊，看見孔子，說：「對不起，我們其實是來拔樹的！沒事沒事，你們繼續繼續演練。」你看這樣記載合理嗎？

隨後，弟子對孔子說：「我們快點離開吧！」孔子回答：「天生德於予，桓魋其如予何！」意思是天命在我身上，他能拿我怎麼樣？這也是為何往後的人描寫孔子，都講他理直氣壯；也因此在孔子之後的讀書人，都會覺得做人要有氣節，要效法這樣的人。

「過蒲，會公叔氏以蒲畔，蒲人止孔子。弟子有公良儒者，以私車五乘從孔子。其為人長賢，有勇力，謂曰：『吾昔從夫子遇難於匡，今又遇難於此，命也已。吾與夫子再罹難，甯鬥而死。』鬥甚疾。蒲人懼，謂孔子曰：『苟毋適衛，吾出子。』與之盟，出孔子東門。孔子遂適衛。子貢曰：『盟可負邪？』孔子曰：『要盟也，神不聽。』」（《史記．孔子世家》）

你說孔子還能多倒楣？就是這麼倒楣。他跟公良孺不過就是經過「蒲」這地方而已，就被人威脅要定個約怎樣怎樣，要孔子答應不去衛國才行。於是孔子說好，也跟他簽約，但孔子簽完約後就跑了。

跑了以後，弟子有疑問，剛剛不是跟人家簽了約嗎？怎麼可以不遵守約定？孔子說，那約定不算數，那是被脅迫的；因為這個約定是出於「要脅」而不是「自由意志」，可以違背盟約。他更拉神明做擔保，認為這是神明不會背書的一種盟約，所以自己不遵守約定也是可以被接受的，然後人就走了。

所以你說孔子是一個怎麼樣都固執守信用的人嗎？其實他也明白遵守信用也是

要看狀況的啊，要看是跟哪些人講信用的！

其實先秦時候也流傳一個故事，有個人叫尾生，他跟女子期於橋下，結果女子還沒來，大水先來了，這個尾生不知變通死抱著橋墩，當然大水來了以後被淹死了呀！所以尾生守了信用，但關於這個故事，並沒有人誇獎尾生守信用，只覺得他不知變通。

孔子說要守信沒有錯，但你如果像尾生那樣在危難的時候都不知道要變通一下，就不是孔子要教的。只是很不幸，後來的人並未特別注意到這一點。

認真與龜毛

「孔子學鼓琴師襄子，十日不進。師襄子曰：『可以益矣。』孔子曰：『丘已習其曲矣，未得其數也。』有閒，曰：『已習其數，可以益矣。』孔子曰：『丘未得其志也。』有閒，曰：『已習其志，可以益矣。』孔子曰：『丘未得其為人也。』有閒，有所穆然深思焉，有所怡然高望而遠志焉。曰：『丘得其為人，黯然而黑，

幾然而長，眼如望羊，如王四國，非文王其誰能為此也！』師襄子辟席再拜，曰：『師蓋云文王操也。』」（《史記．孔子世家》）

其實這個故事的重點在於，如果你是孔子的音樂老師一定恨死他了，因為他真是一個非常龜毛的人。

故事是這樣的，孔子跟師襄子學鼓琴，學了十天都沒有再學習另一首曲子，師襄子就說：「仲尼呀！可以學下一個曲子啦！」可是孔子回答：「曲子我是學了，可是技術面我還沒搞好。」

好吧，過了一陣子，師襄子又說：「好了，我看你的技術很高超了，可以啦！」但孔子還是說：「可我還不知道這個人（作曲者）要幹嘛？」過了幾天，老師又說：「好啦！可以啦！可以了，你已經知道他的志了，已經知道他為什麼作這曲子了。」

但此時，孔子又說：「可是我還不知道這個人是誰？」好，又一陣子，他終於了解這首曲子，而且彈曲子彈到可以從曲子知道作者的長相，這也太神了。於是孔子說，這個作曲的人長得非常高，然後看得非常遠、志向非常大……我知道他是誰了！這個人長得很高也很黑，眼睛像一隻羊，統治著四國，這個人要不是文王的話，不可能有第二人。

最後，師襄子尊敬地跟孔子說：「我老師說過這真是文王做的。」

從孔子學琴的故事可以看出來，第一個當然是孔子學得非常細緻，不會隨隨便便地學著彈一個曲子就算了。第二個是古代的音樂教育可能很有問題，為什麼？老師教曲子的時候，怎麼沒有告訴學生是誰做的曲？當然一般人可能會這樣，就像有些學生跟我說最近看一本書好有趣喔！那，是誰寫的書？不知道，就是綠皮的那一本。我每次都覺得如果你是小學生就算了，國中生也算了，是大學生了看一本書還不知道作者是誰，不知道出版社是什麼，只說「那是綠皮的書」，那我只能說你眼力還不錯，不用吃葉黃素。但教學上不能這樣呀！

是說教像孔子這樣的學生大概也不容易，尤其要教這種學生最好是以小時計費，不然要是以曲計費的話，他會學得非常久，很不划算。

然而這些記載在古書中的孔子故事，多少也透露著孔子的性格，看得出來他雖然是個對自己有要求的人，卻又不是完全死板，也懂得變通。只是後人對於孔子的形象有著刻板又既定的想法，以為孔子討厭有錢人、只注重繁文縟節，於是很容易對他產生誤解。

謙虛而自貶

另外呢，孔子並不喜歡別人誇獎他。每次只要別人一誇獎他，他會說，錯了，我不是那樣的人，我真不是那樣的人。

大宰問於子貢曰：「夫子聖者與？何其多能也？」子貢曰：「固天縱之將聖，又多能也。」子聞之曰：「大宰知我乎？吾少也賤，故多能鄙事。君子多乎哉？不多也！」（《論語．子罕》）

這裡的「大」要看成「太」，因此叫太宰（或說是「官名」）。太宰問子貢：

「你們老師是不是個聖人？不然這個人怎麼啥事都會啊？」看起來太宰一定是把「啥事都會」跟聖人劃上等號。人家誇獎老師，你當然要把老師再繼續往上捧，打蛇隨棍上，如此你在聖人門下才有價值嘛。這就像有人問，孫老師的課聽說不錯，你是為什麼去上？沒事嘛，那邊涼快、人少！你這樣講，別人聽起來就怪怪的；如果別人說孫老師的課不錯，你回答：我們的老師你知道嗎，就是那種現代孔子，到處都碰壁，你現在不跟他學，你都不知道你損失了什麼！聽起來就比較好一點，雖然完全聽不出來是褒還是貶。

所以，子貢回答：「我們老師當然是聖，他是老天爺派來的，他就是這麼厲害。」還說孔子是上天所鍾愛的天縱之將聖，如果用音樂家來比喻，叫 Amadeus（神所鍾愛的，這是莫札特的「中名」），聽起來子貢講得不錯吧？

但是後來被孔子聽到了，只說太宰那傢伙怎麼會懂？然而他心裡一定是想：「子貢你是我的學生，怎麼把話講成這樣呢？人家說你老師好，你就應該打個折扣，說老師沒那麼好，謙虛一點嘛！我平常怎麼教你們的，你竟然把我講成那樣，說我是天縱之將聖又多能，萬一來個小心眼的，不就把我殺了嗎？」

孔子自己說：「吾少也賤，故多能鄙事。」古代講的「賤」，不是指賤人就是矯情的「賤」，那是《甄環傳》亂教你的。他只是說自己小時候因為環境不好，啥事都得做，所以才什麼事都會。他這樣自貶身價，只說自己會一些不重要的事，但做一個君子，難道會要求要多能鄙事嗎？不需要的，不需要的。這就是孔子自貶而謙虛的方式。

孔老師，笑一個
——孔子的幽默感

關於幽默呢，有幾個技巧的，像是同音異義、同字異義、名實不符、自我貶抑、明褒暗貶都是，另外還有一種叫無厘頭，就是完全沒有道理、講不出道理的，大概就是周星馳的電影，把無厘頭幽默發揮到極致；還有腦筋急轉彎的笑話，也都是很無厘頭的。好比之前網路流傳的笑話，說孔子是中國最偉大的什麼家？然後一個小學生在答案卷上寫，孔子是中國最偉大的「老人家」。

被譽為幽默大師的近代文學家林語堂曾表示：「幽默是溫厚的，超脫而同時加入悲天憫人之念，就是西洋之所謂幽默，機警犀利之諷刺，西文謂之『鬱剔』（wit）。反是孔子個人溫而厲，恭而安，無適，無必，無可無不可。近於真正幽

默態度。」❾

哈佛大學的期刊上，曾經有一位漢學家做了一個關於孔子的幽默的研究，而本篇再依據我個人的了解來增補，看看《論語》中孔子的笑有哪些、孔子搞幽默的例子是什麼。

孔子的微笑

在講孔子的師生關係時，《論語．先進》裡曾記載，子路、曾皙、冉有、公西華侍坐，子路說起治國之志，夫子哂之。這個「哂」到底是什麼意思？哂，可說是一種微笑，但絕對不是很好的意思，尤其從後面的內容來看，會知道孔子認為言語不合乎禮的子路，哪裡能治國？所以這個哂，是那種意思不太好的笑。

這是一種微笑，其他呢？

❾林太乙編，《論幽默：語堂幽默文選》（上），台北：聯經，1994，第3頁。

子之武城，聞弦歌之聲，夫子莞爾而笑曰：『割雞焉用牛刀？』子游對曰：『昔者，偃也聞諸夫子曰：『君子學道則愛人，小人學道則易使也。』子曰：「二三子！偃之言是也。前言戲之耳！」（《論語・陽貨》）

孔子到武城的時候，發現這個地方弦歌之聲不絕，很高興啊，弦歌之聲代表著那裡的禮義推行得不錯，而且有樂，每個人都會唱歌且唱得不是鄉土民謠，是對於國家風俗都有幫助的歌。於是夫子莞爾笑曰：「割雞焉用牛刀？」這裡莞爾而笑是很好的笑，跟哂不同。

但子游（言偃）可能不知道老師在開玩笑，或者以為自己搞錯了，再不然是孔子平常不苟言笑，所以對老師忽然笑了，很緊張，於是問孔子：「可老師我以前聽你上課說：『君子學禮樂正道就能愛人，小人學道則容易役使。』所以我才讓他們學道，老師你笑什麼呢？」

結果孔子看他那麼緊張，更高興了。「二三子！偃之言是也。前言戲之耳。」意思是前面講的是玩笑話。

這是《論語》裡顯現孔子最高興的一章，我想是因為他很高興終於有學生實行自己的道，更高興的是他教的東西是有用的，不是空話而已；子游用了，也達到成果了。只可惜子游在《論語》中出現的次數不多，但他能夠把孔子的道實行得那麼好，是件不容易的事情，孔子自然也非常喜歡他。

也很可惜的是，在記載中，孔子笑得不多，畢竟古代的聖人都不太笑的。

孔子的趣味小故事

孔門其實很活潑，孔子跟學生之間也真的很活潑，不是很無聊、古板的那種師生關係。當然若你把孔子當成聖人，他就會越看越像聖人，你也就認為他一定很嚴肅；但孔子就是一個老師，跟學生很親近，擁有一種可以開玩笑的關係。

愛潑冷水的老師

子使漆雕開仕。對曰：「吾斯之未能信。」子說。（《論語．公冶長》）

孔子跟派了一個人去跟漆雕開說：「欸，老師叫你去做官啦！」漆雕開說：「我才不相信，沒這種事。」子說的「說」是「悅」的意思，意思是孔子聽到之後很高興，哈哈哈，沒騙到他。

這不是很諜對諜嗎？我覺得這也是一個奇特的師生關係。

至於子路，也是孔子很喜歡開玩笑的對象。孔子最喜歡在子路講完話以後潑他冷水，這大概是孔子最大的樂趣之一。

子曰：「道不行，乘桴浮于海。從我者，其由與？」子路聞之喜。子曰：「由也好勇過我，無所取材。」《論語．公冶長》

孔子說：「我的道在這沒辦法推行，那我乾脆到國外去好了，國外沒有禮，就要靠著我的禮跟樂來治理，這樣的話，能跟著去的人大概就子路吧？」我想這一段應該是在子游治理武城之前，所以孔子還不知道自己教導的道到底能不能實行，到底能不能做。

聽到孔子這麼說，子路好高興啊！想說老師出國要帶我去呢！只是孔子又說了：「由也好勇過我，無所取材。」意思是出國要帶你去，的確是有這個想法，不過到目前為止還缺乏盤纏。這個「材」是雙關語，第一個是說沒有木材，所以沒辦法造船；第二個沒有錢財，所以沒辦法買機票買船票，總而言之就是出不了海。出得了海我就帶上你，出不了海你就等著吧！

所以，你不覺得子路被孔子潑了一個冷水嗎？

酒量很好的老師

子曰：「出則事公卿，入則事父兄，喪事不敢不勉，不為酒困，何有於我

哉！」（《論語．子罕》）

出則事公卿，入則事父兄，喪事不敢不勉，孔子前面講的都是很正式的事情，然後最後卻來一句：不為酒困，何有於我哉！這些對我都沒什麼困難，我都可以做得到！

據說孔子非常能喝酒，而且酒量非常好。孔子的七十七代孫孔德成先生，酒量也非常非常好，以前聽我的老師說過，說他跟孔聖人（他稱孔德成先生為孔聖人）喝酒，都不知道他有醉的時候，稱他是海量。其實孔子也曾在《論語．鄉黨》中說：「惟酒無量，不及亂。」說自己喝酒根本不知道什麼叫做量，但總之不會酒後亂性就是。

所以孔子不為酒困這一點，我覺得只是他拿自己的酒量開玩笑，到底酒量如何，我們又不在現場，誰知道呢？

愛開玩笑的老師

子畏於匡，顏淵後。子曰：「吾以女為死矣！」曰：「子在，回何敢死！」（《論語・先進》）

孔子在匡這個地方碰到危險，跟一些弟子走失了。後來終於跟顏淵碰到面的時候，孔子說：「我以為你在混亂中死了呢！」顏淵回：「老師，你還在，我怎麼敢死呢？」

顏淵的這句話有兩層不同的含意，一是說老師還在，我當然不敢死，我是弟子啊，怎麼能死呢？第二個是老師年紀比我大，要死也應該是你先死，怎麼是我先死呢？當然一般人認為孔門太嚴肅了，沒人願意做第二種解釋，除了我之外，哈！但要知道，一個人遇到大難之後，緊張的情緒突然得到鬆懈，看到自己擔心的親人、朋友還活著，有時候就會高興得講話沒了分寸。不然你以為孔子說「我以為你死了」，就是真的詛咒對方死嗎？

從這些幽默的小故事來看，其實孔子並不如一般人想像的那樣神聖莊嚴，以為聖人都是不好親近的人，要與他保持距離。其實在他生活的時代，孔子並不如現代這樣被視之為聖人，他就是一個老師，而且是一個相處輕鬆，又能跟學生開玩笑的老師。

3

孔子到底想什麼

——思想與理想

子曰：「山梁雌雉，時哉！時哉！」

孔子的中心思想就是仁？

以前有一首歌唱到「孔子中心思想是個『仁』」，加上很多老師都說「仁」字在論語裡面出現一百〇三還一百〇四次（看他怎麼算），我們以前唸書就這樣子認為、考試也這樣考的，所以久而久之都覺得孔子的中心思想就是仁。但我的老師說，孔子的中心思想是「時」，而不是「仁」，因為《論語》的第一句話就是：「子曰：『學而時習之，不亦說乎？』」

大部分的人都會按字面解釋，學而時習之就是學了去用、很高興，或者學了不斷複習就會很高興——「說」也是「悅」。可是這明顯違反各位的學習經驗，如果要你每天讀書、每天做測驗，你只會氣得要死，怎麼可能高興得起來？如果是這樣解釋的話，當然覺得孔子講的話一定跟生活經驗無關嘛！

那孔子為何要說學而時習之，是不亦說乎呢？難道只是他特別愛讀書嗎？

我的老師解讀的是，這個「學而時習之」的「時」，其實是一個 timing 的問題，學了以後有機會用到你學的東西，學以致用，這才是快樂的！因為你証實了自己學的東西有沒有用，而不是學了半天沒有人要用；要是沒有人用的東西，你學那個幹什麼呢？

我想很多人在大學四年常有的困擾也是這個，我學這個有什麼用？可是有時你真的不知道，自己學的東西真的是有用的呀！像我大學的時候讀四書五經，當時的我絕對不知道自己有一天會教一門關於孔子的課；當時的我如果沒有好好讀，現在絕對不可能準備得了這門課。所以不要小看這個「時」，有時候，你需要一點歷史的眼光。

不過「時」在《論語》只出現過兩次，另一次是在《論語．鄉黨》，而且是在一個很奇怪的段落：

「色斯舉矣，翔而後集。曰：『山梁雌雉，時哉！時哉！』子路共之，三嗅而作。」

其實這樣的記載顯然有些疏漏，因為整個鄉黨篇都在描寫孔子平常在幹什麼，結果卻在最後一段插了這句非常怪異的話。

「色斯舉矣，翔而後集」是說那個人臉色一變，鳥就飛了。如果你到過樹林或森林裡，走到某處，那裡原來有一群鳥，你一過去，鳥就全部飛了，為什麼？因為牠一看有人接近不是什麼好事，呼嚕嚕就飛走了，盤旋一圈看你沒惡意才會下來。翔而後集就是在講鳥的行為、狀態。

總而言之，孔子說：「時哉！時哉！」意思是，你看，連鳥都知道什麼時候該逃，人難道連這個都不懂嗎？哪個狀況是安全的、哪個是危險的都搞不清楚，人連鳥都不如啊。這裡的重點，就是「時哉！時哉！」。而總計《論語》裡面出現的「時」，也就這兩次。

倒是《孟子．萬章》提到：「孔子，聖之時者也。」孟子離孔子的時代那麼近，孔子的中心思想如果真的是個仁，為什麼孟子沒把孔子稱作聖之仁者也？這也是我們老師說孔子的最高思想是時的一個依據。

接下來，我們就來看看孔子的主要思想還有哪些。我將孔子的思想分成以下幾個面向來討論，包含為學、德行、禮樂、理想。

文、行、忠、信或是仁德：為學

有人說孔子要教人家的、要人家學的，其實是文、行、忠、信，像是在《論語．述而》就有「子以四教：文，行，忠，信」的記載。

「文」是什麼？有人認為是文章、文學，我的老師解讀是「經緯天地」或者「經天緯地」，就是上天下地什麼都得學！套用現代的說法，是不僅要學文科也得學理科，若以大學教育來舉例就是通識課程。至於文的具體項目，在孔子的時代稱為「六藝」：禮、樂、射、御、書、數。

而「行」，或可解釋為德行。「忠」字就朱熹的解釋，忠就是盡已，自己做好自己分內的事就叫忠，而不是忠君的意思。但很不幸地因為中國專制王朝很長，很多狗腿的知識份子為了讓自己活得好一點，就呼嚨下面的讀書人或呼嚨皇帝說，唉呀，我們這些人就是忠君，你叫我死我就死給你看，你不叫我死我就活給你看！於是，就開始了毫無原則的君王支持，不分是非善惡，只為了自己能夠存活下去。

最後，「信」指的是修己跟安人，要從自己做起，並且透過一個道德的關係來和他人相互影響。而這裡的德，除了指人的「私德」之外，更包括「公德」，「公德」內還包含「群德」，也就是人跟人相處該有的分際。一個人的道德教育就是要尊重自己、也要尊重他人，具有對自己的要求，也有對別人的要求，以及人際關係上的要求。

孔子教育的其他說法

同樣在《論語．述而》中，對於孔子要教的是什麼還有一種說法：「子曰：『志於道，據於德，依於仁，游於藝。』」有人解釋「道」是一個天體運行的規律，類似自然法則，然後道到了人間就變成了「德」，跟著自然法則的規律，是為「天人合一」。所以人跟人相處的道理就像天體運行一樣，大家有各自的軌道，誰也不會撞到誰，這種井然有序便是「德」。

在西方，十九世紀英國社會哲學家史賓賽（Herbert Spencer）的《教育論》也有「德育」的概念。他提出教育的三個基石是智、德、體，我們的教育基礎則是德、智、體、群、美，五育並重，但我都寫成「五育病重」。我們的教育從來沒有認真地五育並重過呀，比如申請學校時，學生的其他幾育重要嗎？德、智、體、群、美，照道理美育應該也很重要，但沒有人重視美育。你的智力不需要美嗎？體育不需要美嗎？我們的思想概念不需要美嗎？美不是「漂亮」兩個字而已，更是要適合當下的狀態。我覺得至少在中華文化裡，對於美的概念實在有待加強。

那依於仁的「仁」，則是指兩個人的關係。《禮記．中庸》說：「仁者，人也。」東漢鄭玄注：「人也，讀如相人偶之人，以人意相存問之言。」意思是相互致意、相親相敬，也就是社會學談到的二元體概念；二個人之間該有什麼樣的互動關係、該有什麼約束、該有什麼規範，其實不是很複雜的概念。朱熹就說：「仁者，本心之全德。」所有道德的總項目就叫仁，再翻得比較白話一點，對別人好就是仁，Humanity，把人當人看。

這其實也是一九九〇年代，集合全球宗教哲學領袖的全球倫理會議（Global Ethics）提出的結論之一，簡單來說就是人道原則（Humanitarian Principle）。另外一個原則是包含二個子原則，一個是積極面，中文可以翻譯為己立立人、己達達人，是說自己好，也要讓別人好；第二個是消極面，意思是己所不欲，勿施於人。很多文化或宗教裡也有類似的概念，但非常奇妙的是在全球倫理會議的討論中，世界的文明常常是跟宗教掛在一起，而儒家沒有，卻在那麼久之前就提出了如此簡單的道理，一個全世界跨文明、跨宗教都共同認知的簡單道理。

孔子的職志

在第二章時，我們也提到《論語．為政》中，孔子形容自己：「吾十有五而志于學，三十而立，四十而不惑……」重點是在於「志」而不是學。

關於這一段，朱熹解釋得最好：志者，心之所之也；你心的方向，就是志。而孔子在十五歲那年，就以「學」為人生的使命與職志。

至於在《論語．述而》，則說：「默而識之，學而不厭，誨人不倦，何有於我哉？」所謂默而識之，是指他學習的時候默記著；學而不厭，是說他怎麼學都不會厭倦，就像現在很多人打電動就會沉迷一樣，怎麼做都不厭倦。其實這是一種很罕見的能力，孔子特別的地方也在這裡，因為很多人都是學而會厭，但他就是不會。

說到誨人不倦，在我自己當老師了以後，覺得孔子真的很偉大，他誨人不倦，而我現在已經跟學生越來越遙遠了，這個誨人有時候是會倦的。

所以在孔子的精神中，有學、有誨，把學的東西告訴大家，「何有於我哉」，對孔子而言，學跟誨沒什麼，都很簡單。

同樣在《論語．述而》中提到：「若聖與仁，則吾豈敢？抑為之不厭，誨人不倦，則可謂云爾已矣。公西華曰：『正唯弟子不能學也。』」

若聖與仁，則吾豈敢？顯然那時候有人誇獎孔子，說他是聖人或是仁者呀！但孔子說，我不敢，我沒那麼偉大。他大概覺得只有像堯舜這樣子的人才可以算是聖人，自己絕對比不上。

至於「抑為之不厭，誨人不倦」，這跟前面「學而不厭，誨人不倦」一樣，不過是說他只是喜歡學，喜歡教人家而已，沒別的長處。但這一段最後有一個奇怪的尾巴——弟子公西華在旁邊嘟囔「正唯弟子不能學也」，意思是老師你這本事我們弟子都學不到！

在中華文化裡面，好像弟子都得表現出比老師差的樣子，這樣老師才會高興，要是表現得比老師好呢，當老師的大概就會生氣。在武俠小說裡面常常有這種劇情，師父一定會留一手，為什麼？因為怕徒弟哪一天背叛師門，現在不留這一手到時徒弟就把自己殺了。我從小看戲都看得到這樣的情節，每次最後徒弟要殺師父，師父必定要說「你這個忘恩負義的人，我就知道會有這麼一天」，然後使出了一個功夫把那個徒弟幹掉，哇地吐血而死……這是文化最大的問題之一，到今天我們都受現代教育，那麼現代化了，還覺得學生不如老師、老師教書留一手是應該的，怎麼會進步呢？當老師的是要能教出超越自己的學生啊！

「學」的祕訣

孔子好學而多學，但他究竟是怎麼學習的呢？有沒有什麼要訣？

「子曰：『賜也，女以予為而識之者與？』對曰：「然，非與？」曰：「非也，予一以貫之。」（《論語．衛靈公》）

賜是子貢的名字。在古代或在《論語》裡面，「女」常是「汝」，孔子說，女以予為多學而識之者與？你認為我是那種很博學，然後記憶力很好的人嗎？淺台詞就是：你認為我就是一個 3TB 的硬碟嗎？

子貢答：「當然是呀！老師，你不是嗎？」所以在子貢的心裡，老師就只是一個博學多聞的人。但孔子說，不是的，「予一以貫之」，只是用一個道理來貫通所有的學問。至於這一個道理是指什麼？其實孔子也沒講清楚。

另外在《論語．里仁》中，孔子也對弟子講到「吾道一以貫之」，但其實也沒講清楚是什麼就走出去了。後來曾子就對其他學生說：「夫子之道，忠恕而已矣。」表示孔子一以貫之的就是忠恕。於是很多人把曾子的答案當成是孔子的答案，認為孔子就是忠恕之道，但這太 low 了，絕對太 low 了。老師雖然是教學生，但學生還聽不懂呀！聽不懂「予一以貫之」，但老師沒說，學生也不敢再問。

在我看來，「予一以貫之」是一種孔子的幽默感，其實他很喜歡玩弄字的意思，比如在這，「一」只是要對應「多學而識之者」的「多」——你認為我學了很多嗎？不多也！就像在《論語．子罕》裡，某一次有個人跟孔子說，你好多能喔！孔子就回：「不多也！」類似這種都是孔子獨特的玩笑。

「學」的目的

那麼，學了以後要幹嘛？《論語．泰伯》裡，子曰：「篤信好學，守死善道。危邦不入，亂邦不居。天下有道則見，無道則隱。邦有道，貧且賤焉，恥也；邦無道，富且貴焉，恥也。」孔子要你相信你學的東西是有用的，但我們現在很多人都不知道學有什麼用，根本不篤信，當然也就更不會好學。

而「危邦不入」，比如現在歐洲某些地方發生恐怖攻擊時，除非你是有任務在身的記者，否則暫時不去那些地方絕對是明智的，這是常識，對吧？「亂邦不居」，一個國家要是像敘利亞那樣的情勢，你還說：唉呀，那個地方現在房價便宜啊，現在買房子去，等大局穩定以後，我就是房地產大亨了！如果你有這種想法，也是蠻特殊的。

「天下有道則見，無道則隱。」明君、明相在位時，你出來行道，是合道理的；但如果君臣都很昏庸，你還出來選或者還出來幫忙，就是沒道理的事情。無道則隱，有人說無道就隱居起來，但我解釋得比較積極性一點，不是隱居起來，而是藏道於民。你在民間做一些教育工作，等到無道的現象過去，就能恢復政治秩序或道德秩序，所以不是隱居的啦。

「邦有道，貧且賤焉，恥也。」如果國家太平，你竟然貧、沒有錢，且賤、沒有地位，表示你這個人根本就無能，無能當然就恥啦！國家情況那麼好，你還一天到晚說這個世道太差或怎麼樣，那就是你個人的問題。

但反過來說，要是邦無道，富且貴焉，其實也恥啊！如果在國家混亂的情況下，你還能賺大錢，像是在戰爭的時候發國難財，不是很羞恥的事情？儒家的立場不是說不讓你發財，很多人唸到這一段就覺得，唉呀，儒家不主張發財有錢。有一句話叫「為富不仁」，過去我一直認為這句話一定是孔門裡面的誰說的，說這些發財的人啊沒一個是好東西；接著下面還有一句話，把兩個字倒過來，叫「為仁不富」，說做好事的人絕對不會發財。

你想，這聽起來太像孔子他們講的話了嘛！對吧？但去查一下，結果是出現在《孟子》裡，那是孟子說的嗎？不對，是書裡引用的，一個叫陽虎的人說過這句話。所以如果不查證，就會以為是孔門的想法。

實際上，孔子曾說過的是：「富而可求也，雖執鞭之士，吾亦為之；如不可求，從吾所好。」簡單來說是君子愛財、取之有道，但不知道為什麼常被後人誤解，認為儒家的人都不在乎錢財，造成後來會有君子一定要很窮、不窮就不是君子，而且有錢人便不是君子的想法，這其實是誤會了孔子的原意。

不過無論如何，要學的終歸是「道」，從一個人的居住到財務、工作，都能以

「道」貫之；有了「道」，也才有了行事的準則。

為學的古今差異

在古代，「德」是先於「學」的。因為學不一定是那麼基本的東西，但每個人都要生活，大家生活在同一個群體裡面，於是德就變得非常重要。

因此在《論語．述而》裡，孔子就說：「德之不脩，學之不講，聞義不能徙，不善不能改，是吾憂也。」一個人不修德，然後又不講學，聽到義事又不去做，做了錯事還不願意改，只會說：沒辦法，我的毛病就是這樣！腦子很僵固。這是孔子憂心的地方，但他的憂也不是憂別人，而是憂自己。

儒家最重要的一個地方，就是什麼東西都先思考自己有沒有做到，不是別人有沒有做到。但到了現代社會，不知為何一有什麼事情，不是先想自己的問題，而是別人沒有做到的地方，都是別人對不起自己，自己好得很。

我以前教「愛情社會學」，所以常常有人來跟我講自己的愛情故事，講的人都沒有提自己的缺點，每次都是別人的缺點，我從古早聽到現在都是這樣：老師你不知道那個人喔，怎麼樣怎麼樣怎麼樣怎麼樣⋯⋯我說，既然那個人怎樣怎樣怎樣，正常人不都趕快跑了，你幹嘛還在一起？你認為自己是復仇者聯盟嗎？你要拯救這個世界嗎？

接下來這句話，出現在《論語．憲問》：「古之學者為己，今之學者為人。」這句話光看表面，會覺得有什麼不對？為己不是很自私嗎？為人不是很好嗎？但這裡不是那樣解釋的。

為己，是事事都先想著自己做得到或做不到，而不是要求別人、責備別人；為人呢？即是很多像我們當老師的或知識分子，都是滿嘴仁義道德，但做的可能是狗屁倒灶的事情。所以呢，為己的另外一種解釋是：欲得之於己也，希望我學的東西對自己是有幫助的，但為人並不是希望對別人有幫助，不過是為了獲得名聲而已。

總而言之，由於孔子這麼對比了，彷彿一個比較好，一個比較差，但我覺得有時對比的原因，不是因為一個好或一個不好，而是時代的不同；只不過在傳統的解釋上，都希望世界上只有好人跟壞人兩種分別。就像我小時候看電影最重要的一個工作就是要分出裡面的好人跟壞人，所以後來看到主角既不是好人也不是壞人，或是很難區別的時候，我就看不懂了。

私德、群德與政治：德行

孔子認為自己天生有德，尤其在危難的時候，他說過一句話：「天生德於予，桓魋其如予何？」就是出自之前提到的《史記．孔子世家》中，司馬桓魋要殺孔子的故事。天生德於予，桓魋其如予何？我這人有天命在身、是有德的人。雖然沒有地位、雖然不是貴族，但是老天爺讓他有德，就是讓別人滅不了他。現在有多少人敢講這樣的話呢？

德與政治的關係

在《論語．為政》中，孔子說：「為政以德，譬如北辰，居其所而眾星共之。」這句話常常被誤解，說為政的人啊要有德，有德以後呢，其他人就會像天體幾大行星一樣，每個人都會在自己的位置上。

有人因此覺得，這意思是如果君王有德的話，這個政府會不得了。其實這是誤解、只讀了第一句而已。君王的德必須得到身邊大臣的臣服，況且這個德也不只是私德而已，還要有群德。為政以德，並不是你只要自己有德而已，是你我要發生一點關係，要互相影響，大家得共同來做一件事情，大家在同一個朝廷裡面或在同一個團體裡，我們要有共同奮鬥的目標，沒有的話，只是你做你的、我聽我的嘛！

以前有學生寫論文要找我，也是這種狀態。「老師，我希望找你寫論文。」我說：「為什麼呢？」他說：「老師，我希望你逼我。」我說：「同學，我不是皮繩愉虐社的，你看清楚，我從來不搞ＳＭ。」

他說，老師，我不是那個意思。但不就這個意思嗎？只是沒有真正的鞭子嘛！

他覺得老師得這樣三不五時地打電話來問：「唉呀，你的功課做了沒？你的進度有沒有趕上啊？」趕不趕進度那是自己的事情，怎麼是老師的事情呢？到了寫論文的階段還要人家逼，是要找一個奴隸主，自己心甘情願當奴隸嗎？我可不是奴隸主！

但孔子也講過一個讓人驚駭的詮釋。有人問孔子，衛靈公無道啊，這傢伙無道到斃了，怎麼這個衛國還不亡國呢？孔子說，他怎麼會亡國呢，衛靈公下面的大臣每一個都在自己職位上做得很好，即便是昏君，只要有很好的臣還是不會亡國的。可如果是你自己有德，萬一下面的人都是昏臣，你不也是昏君？因為你也搞不定昏臣啊！所以，你要知道孔子提出的是一個 teamwork 的概念，從個人生活到政治都是如此。

《論語．為政》也提到：「道之以政，齊之以刑，民免而無恥；道之以德，齊之以禮，有恥且格。」為政用刑，可以治國，但是呢，老百姓只是怕你的刑罰，這個不是治本，只是治標之道而已。治本之道當然是你要道之以德，這個德還是一樣，自己要有私德，也要有群德。你的私德會讓人家覺得要效法你，風行草偃；你的群德，會讓百姓知道你有照顧他們、了解他們的需要。

所以不要用那種硬邦邦的、「要不然就抓去槍斃」這種話當作管理的手段，人民如果不懂，你該教他，這個人就會知道自己做錯了，也會改正。

講到德呢，也就講到風行草偃的問題。在《論語．顏淵》裡有一段季康子問政於孔子：「『如殺無道，以就有道，何如？』孔子對曰：『子為政，焉用殺？子欲善，而民善矣！君子之德風；小人之德草；草上之風必偃。』」

季康子說，唉呀！我把那些無道的傢伙全部抓起來槍斃，把壞人全給我殺光，剩下有道的人，那這不就世界太平了嗎？孔子回他：你政治是靠殺人的嗎？你只要想做善的事情，老百姓就會跟著你，為什麼？因為君子之德就像風一樣，小人之德就像草一樣，風吹過草上，草就會跟著風吹的方向轉嘛！

但之前有一次，我把這個解釋傳給別人看，結果對方說：「喔，原來是這個意思啊！我還以為風行草偃，是說這個君子之德啊，就像風一樣，吹過去就沒啦！」我想這什麼邏輯啊，所以君子或君王就裝成有那個德性，上台講兩分鐘，下台後一切宛如風吹過去就過去了嗎？這個解釋我從來沒聽過，但是真的是神解啊！

外在與內在的制度：禮樂

在社會學裡，除了人際，我們也很關注「制度」。孔子對於制度有沒有什麼說法？有，就是禮樂，孔子認為禮是外在的一種制度，而樂是要打到人的內心。只是在《論語》裡並沒有詳細地規定禮樂該是怎麼樣，後來漢朝的一些學者，根據不管是真的還是想像出來的周禮，建構了一個非常複雜的制度，說什麼禮該有多少人該做多少事……等等，有的還畫了圖告訴你該怎麼樣，搞得非常繁複，繁複到為了形式而失去孔子非常注重的「心意」。

在這一段落，我們要來看看孔子提到「禮」的幾種說法。

合乎內心感受的禮

子貢曰：「貧而無諂，富而無驕，何如？」子曰：「可也。未若貧而樂，富而好禮者也。」子貢曰：「《詩》云：『如切如磋，如琢如磨。』其斯之謂與？」子

曰：「賜也，始可與言詩已矣！告諸往而知來者。」（《論語．學而》）

子貢其實是個非常驕傲的生意人，他的商人心態一直沒有改變過。有一天，他問孔子：「如果有一個人，窮的時候不僅不諂媚還很有骨氣，有錢時也不驕傲，那這個人怎麼樣？」可見在子貢的心裡，這已經是很高的境界了。沒想到孔子淡淡地說了一句：「可也。」你光從這語氣，就知道也不怎麼樣，只是ＯＫ而已。

孔子接著說：「未若貧而樂，富而好禮者也。」這樣的人還追不上那種雖然窮，卻不失志且堅守正道的人；比起有錢、能回饋社會的人，對孔子來說，這是更值得讚許的境界。

於是子貢為了表現自己還是個不錯的學生，畢竟老師都這樣糾正了，說：「老師您說的是不是詩經上『如切如磋，如琢如磨』的意思？」這裡的「如切如磋，如琢如磨」是《詩經》裡形容道德崇高的君子的說法。孔子當然也是希望學生有天分、希望鼓勵學生，希望他下個月還能繼續繳學費、下堂課繼續來上，於是稱讚子貢，說他領悟性高，還可以跟子貢一起研究詩經。

林放問禮之本。子曰：「大哉問！禮，與其奢也，寧儉；喪，與其易也，寧戚。」（《論語．八佾》）

《論語．八佾》裡也有兩段關於孔子針對「禮」的解釋。

林放這個人在《論語》裡就出現過兩次。在這裡，他問孔子，「禮」最根本的東西到底是什麼？孔子給的答案也很隨興：「禮與其奢也，寧儉；喪，與其易也，寧戚。」也沒有直接說禮是怎樣怎樣，而是當禮在奢跟儉之間比較時，儉比較好；辦喪禮的時候，與其很簡單地就把先人下葬了，一份哀戚的心情更為重要。

孔子的「禮」是要合乎當下的情況，比如以葬禮來說，最重要的是那份哀戚的心情。禮，其實是合於自己內心的真實感受。

定公問：「君使臣，臣事君，如之何？」孔子對曰：「君使臣以禮，臣事君以忠。」（《論語．八佾》）

而定公問孔子，君臣之間的禮該是什麼樣的？他的答案是：「君使臣以禮，臣事君以忠。」其實這是有因果的關係，因為君主要先待臣以禮，臣才會對你忠啊！所以如果你對待大臣都沒有禮，那人家幹嘛忠於你呢？當然就走了唄！從這樣的回答來看，孔子才不強調一定得要忠君愛國。柳下惠是，但孔子不是。

柳下惠呢，就是人家用他，他就認真地守在崗位上——你用我，我是這麼認真；你不用我，我也不會抱怨你，不會嫉妒也不會罵你，柳下惠就是這樣一個人。但孔子不是，他會說，你必須先以禮待我啊！

子曰：「恭而無禮則勞，慎而無禮則葸，勇而無禮則亂，直而無禮則絞。君子篤於親，則民興於仁；故舊不遺，則民不偷。」（《論語．泰伯》）

禮究竟有多重要？孔子說恭而無禮則勞，意思是即使你這個人很恭敬，但是沒有仁、沒有禮，一切都白費，恭也是要合乎禮。慎而無禮則葸，即使你這人很謹慎，但不合乎禮法，就仍是畏手畏腳的。勇而無禮則亂，這我想大概是講給子路聽，因為子路這個人正是只有勇而已。

雖然一般都說子路只有勇，但其實子路很不幸地就敗在「禮」。事情發生在子路跟人家決鬥的時候，因為帽子的繫繩被敵人砍斷了，子路覺得君子穿著不整齊不能打、不能跟人鬥生死，這樣不合乎禮，於是他把刀子一放，想要先來綁帽子。結果對方趁這個時候把他殺了，還把他剁成了肉醬。後來孔子聽到這個消息，把後院裡的一缸子醬物給扔了。

孔子的難過，我想除了是子路死了以外，也難過子路的禮是自己教他的，沒想到他卻因為禮而死。我想，後者的難過是很多人沒注意到的，好比有一天要是我聽說學生或朋友為了要撿這本書，卻掉到水裡淹死了，能不難過嗎？我希望以後如果發生這本書掉到水裡的情況，各位就讓它掉到水裡，千萬不要去撿它，反正書店都還有賣！懂嗎？

最後是直而無禮則絞，雖然這人很正直，但因正直而對別人無禮，有時也是一種傷害。如果有人說：「孫老師，我覺得你很胖！」你幹嘛一定要這樣講呢？如果是我說自己胖，那是自嘲，可是由你講出來，那就叫傷害、毀謗、中傷啊，雖然你是出於正直之心也是一樣。

集各家之長的樂

孔子其實很博學，不只在知識方面，還包括了樂，像是在《論語．八佾》也提到：「子語魯大師，曰：『樂其可知也：始作，翕如也；從之，純如也，皦如也，繹如也，以成。』」可見孔子周遊列國不是到處去玩、去觀光的，他同時還考察了各地存留的周朝禮儀，尤其是「樂」的部分。

當他回到魯國，發現魯國很多樂師都跑了，便開始致力於恢復傳統禮樂，如此看來，他也是一個文化的傳人。所以孔子才會告訴魯國的音樂大師：「樂其可知也：始作，翕如也；從之，純如也，皦如也，繹如也，以成。」就是講到樂其實有一個結構、章法，只要照著章法來做就對了。

聽起來，孔子講的這個樂比較像西洋音樂的古典時期，像什麼奏鳴曲都是要先一段這個再一段那個什麼的，非常規矩，好比你聽莫札特、海頓、貝多芬的音樂都是這樣，規規矩矩，甚至有時候可以預測得到，非常工整。

孔子也不只保存音樂，還很喜歡唱歌。我想如果他生活在現代，一定是KTV的常客。之前也提到，在《論語．述而》裡就有「子與人歌而善，必使反之，而後和之」，說孔子呢，只要聽人家唱歌唱得很好，就會要求人家再唱一遍，然後還會跟著唱。顯然孔子是個和音天使，不管人家唱什麼調他都能和，這很不得了啊！

只是這一段也是很少人關注的，但我覺得孔子愛唱歌其實是反應了他的心情，不然你以為孔子每天都很嚴肅，像我一樣皺著眉頭教學生嗎？才不是呢。就像孔子的愛徒顏淵也不是一天到晚一簞食、一瓢飲，一副吃不飽的樣子，又不是飢餓三十的發起者，也不是人家說他是道家派來的臥底，不求這個也不求那個，不是的，顏淵其實有很大的想法。

好比有一天，他問孔子要怎麼治理一個邦國？這段出現在《論語．衛靈公》。孔子回答：「行夏之時，乘殷之輅。服周之冕。樂則韶舞。放鄭聲，遠佞人；鄭聲淫，佞人殆。」

孔子對夏、殷、周三代各有取捨，什麼東西好就採用什麼，像夏朝的曆法好，就用夏朝的；殷朝的車子做得好，就用殷商的車子；周朝的帽子做得好，就用周朝的帽子。孔子覺得要集各家之長，因此才會被孟子稱為「集大成者也」。

所以在音樂方面，孔子個人推崇韶樂、喜歡韶舞，也說千萬不要讓鄭聲變成主流，因為鄭國的音樂是「淫」，淫不是現代的意思啊，是形容太超過，太 over，而鄭聲太過於表達自己的情緒。同時也要「遠佞人」，佞是論語裡面最糟糕的字，就是那種只說好聽話，卻沒有任何真心意的人。我們這一生都會碰到不少這種人，把話說得極度好聽，所以我的葬禮一定要請這種人來。

「放鄭聲，遠佞人。鄭聲淫，佞人殆。」你看，孔子在那時候就會英文對吧？佞人，去死吧！DIE（殆）！當然這裡的殆是指危險的意思，不過跟死也差不多了，是吧？

未來的想像
——孔子的理想世界

我們探究孔子的思想，也應該要看看孔子心中的理想世界、對未來的想像是什麼。除了他當下生活的時代，其實他是對人的未來有想像的，所以這邊要來聊聊他心中的理想道德、人格跟社會。

過去大家總認為孔子的中心思想是「仁」，但我老師卻說，仁是所有中國哲學家的思想，並不是孔子的專利。然而讓一個君子的概念，從有地位的人、暫居高位的貴族或皇族這樣的專有身分，轉變成在道德上或精神上的貴族，卻是從孔子開始的；像這種把社會地位導向一種心靈狀態，其實是一個很大的轉換。

因此，我們就從仁、君子與社會的層面，來看看孔子心中的理想。

克己復禮：仁

子曰：「人之過也，各於其黨。觀過，斯知仁矣。」（《論語．里仁》）

人之過也，各於其黨。這個「黨」就是「類」的意思，也就是說，什麼樣的人大概就會犯什麼樣的錯誤，比如做生意的人就會犯偷斤減兩的錯——但其實也是中國歷代對生意人的一個刻板印象。觀過，斯知仁矣，你從他犯的過，就知道他是屬於哪一類的人。

很多人以為儒家不喜歡商人，但這不是孔子講的，而是《孟子．滕文公上》中，引用陽虎的話，說：「富者不仁，仁者不富。」但好像演變成儒家的說法，說有錢人大概都沒有一個好東西；如果你是好東西，大概都不會發財。導致在某些仇富情節、某些思潮裡，都會覺得發財致富都是有罪的，有錢的都不是好人。這其實是一種偏見。

接下來是孔門第一弟子顏淵問的問題，這個問題非常重要。

顏淵問仁。子曰：「克己復禮為仁。一日克己復禮，天下歸仁焉。為仁由己，而由仁乎哉？」顏淵曰：「請問其目？」子曰：「非禮勿視，非禮勿聽，非禮勿言，非禮勿動。」顏淵曰：「回雖不敏，請事斯語矣！」《論語．顏淵》

在思想上，顏淵這個弟子跟孔子是最接近的，雖然他好像小了孔子三十歲左右。克己復禮為仁，有一種解釋是「克己」跟「復禮」就是「仁」，「為」在這裡的解釋為「是」。但也有人說不是這樣，「為」是「行」的意思，如果你能夠克己復禮，那你就是行了仁。不過無論是為或是行，意思其實差不太遠。

一日克己復禮，天下歸仁焉，則是一個非常大的跳躍。在這裡，是誰一日克己復禮，天下才會歸仁？當然是指所有人都克己復禮，天下才能歸仁，而不是你顏某人一日克己復禮，天下就能歸仁。還有另外一種解釋，是做為君王的人一日克己復禮，有風行草偃的效果，大家也學會跟著君王這麼做，天下就會歸仁。我覺得後者說的比較有道理啦！

為仁由己，而由仁乎哉？那這個「仁」呢，因為跟「人」是同音，所以有時候也被視為同義。為仁由己，仁當然要從自己開始做起，儒家強調什麼事情都從自己做起，再慢慢去影響周邊的人。

於是顏淵進一步問：「具體要做的是哪些事？」孔子回答：不合禮的事情，別看；不合禮的東西，別聽；不合禮的事情，別說；不合禮的東西，別行動。最後，顏淵說：「我雖然是不夠聰明的人，但我會努力地去做。」

說自己不夠聰明，只是儒家自謙的方式。要是顏淵再不夠聰明，那儒家就沒聰明人啦！

仁的標準是什麼？

樊遲問知。子曰：「務民之義，敬鬼神而遠之，可謂知矣。」問仁。曰：「仁者先難而後獲，可謂仁矣。」（《論語．雍也》）

樊遲是幫孔子駕車的人，感覺不太聰明。他曾經問過孔子三次關於「知」的事，孔子三次的回答都不一樣。有人說孔子是問同答異，不同的弟子問他，回答的也不一樣，這是因材施教的關係。另外還有一種解釋，孔子是看你有什麼病，再針對你的病做回答，就像拿藥單一樣。

其實「問同答異」是非常有教育意義的，不然的話，就是一個標準答案走遍全天下，不會對所有人都有幫助；一種教學方法也不可能適用所有的人，有些人認為好、有些人認為不好，要怎麼達到最大化，我覺得才是重要的。

這裡的「樊遲問知」，是樊遲問什麼樣的境界或什麼樣的行為叫「知」（智）？孔子回答「務民之義」，聽起來是把主詞當成是君王，當君主的人治理老百姓，要敬鬼神而遠之，因為在那個時代的老百姓還是相信鬼神，人們的知性、理性還沒有那麼強烈，這在第一章的〈聖哲誕生的時代——孔子之前的大我脈絡〉也提到過。

那為什麼要敬鬼神？這裡的「敬鬼神」，比較像是「慎終追遠，民德歸厚」的意思，鬼神是我們的祖先，應該尊敬；而遠之，但不要認為鬼神真的能夠影響我們什麼。至於君王如果能這樣做，就是「知」，不要用鬼神來嚇唬人民，因為愚民政策是非常危險的，善待老百姓、讓老百姓養成好的風氣，對人民好，人民也會對你好，這對統治是有幫助的。

接著樊遲問仁，孔子回答：「仁者先難而獲，可謂仁矣。」簡單地說，只要你要對人家好，自己多付出，人家就會對你好。

這是孔子對仁的一種說法，但在《論語‧衛靈公》裡面又有不同的解釋。

子曰：「志士仁人，無求生以害仁，有殺身以成仁。」

這句話當然說的是一個很極端的狀態，不然你行仁非得要殺身才能成仁的話，那不是太可怕了嗎？行仁並不是這樣。這裡只是說，在最極端的情況下，有些人寧願犧牲自己的生命來完成「仁」，是指在最差的情況下會出現這樣的行為。總而言之，仁人不會害人，而一個立志為仁的人，他會去救別人，甚至犧牲自己的生命去拯救別人。

孔子的弟子子貢一直想知道仁的標準是什麼，所以不說後世讀《論語》的人不知道孔子的仁是什麼，就連跟在他身邊的弟子也不知道，於是拿實例來問孔子。

子貢曰：「如有博施於民而能濟眾，何如？可謂仁乎？」子曰：「何事於仁！必也聖乎！堯舜其猶病諸！夫仁者，己欲立而立人，己欲達而達人。能近取譬，可謂仁之方也已。」（《論語．雍也》）

子貢說，如果有一個人能夠把自己所有的東西拿出來救濟眾生，這個人怎麼樣？可以稱為仁嗎？但孔子一聽，說這哪算是仁呢？這已經是聖了啊！他還說，這連堯舜都做不到，感覺「仁」的標準很高啊。只是孔子後來又講了一個很簡單的標準：「仁者，己欲立而立人，己欲達而達人。」意思是仁要從自己做起。

若是你要立身於社會，就要做出對社會有貢獻的事，同時也幫大家找出立身於社會、對社會有貢獻的方法；要是你自己發達了，找到了永續方向，也希望別人能夠共享這個結果。孔子說：「能近取譬，可謂仁之方也。」只要秉持這個簡單的道理，就會知道怎麼樣行仁。這段話非常地重要，我自己也非常非常喜歡。

不憂不懼：君子

在傳統的意義上，「君」就是統治者，但到了孔子，他把這個意思改成只要你在修德的上面有成就，便能被視為是一個君子。這像是把一個專制時代的概念轉變成民主的概念，而君子可以靠著自己的努力做到，人人都可以達到的境界，所以孔子談論君子也談得非常多。

《論語．為政》裡有一句話，也是論語裡面最簡單的一句話之一。

子曰：「君子不器。」這裡當然先得看關鍵字「器」是什麼意思？有的人會解釋說，君子不是一個容器。不是一個容器是什麼意思？君子當然不是個容器啊！這種解釋就像說：「你是人還是東西？」結果你說：「我不是東西。」是一樣的意思。

如果從「物」的角度來看，器是代表「用」的概念。朱熹提出「器者各適其用而不能相通」，把它延伸為人的「才藝」，不過晚清的經學家戴望倒是例外，強調的是「容量」。

到底什麼叫「君子不器」？我的老師詮釋得比較好，他說，君子不會像一個

「器」那樣容量有限，所以君子是寬容大度，有胸懷跟氣度。這樣解釋就容易理解，君子是有德之人、度量很大，不是像一個器被限制住。

當然要鍛鍊到這種胸懷，真的非常困難，因為成為君子不是一件容易做到的事情，不然孔子還教你半天幹嘛？你想，孔子怎麼都不教你呼吸，因為誰都會呼吸啊！正因他教的很多都很困難，我們才要努力去做。

君子的標準是什麼？

子曰：「君子之於天下也，無適也，無莫也，義之於比。」（《論語．里仁》）

君子之於天下也，這裡不是指一般情況，當然在一般情況下，你要守著忠信，但是遇到特殊狀況時，也要「無適也，無莫也」，沒有什麼一定要做或沒有什麼一定不要做的。好比之前也提過，孔子被人家威脅要簽訂一個約定，學生問剛剛的約定履行嗎？他說：「當然不會，當時人家要脅我啊！要脅我的東西怎麼算數呢？」

所以一個人在面臨特殊狀況時，自己要有判斷力，不要死守著一個標準。但前提是你必須守正，如果沒有守正，上面這種做法看起來就變成是小人。這是君子與小人的一種差異，也是孔門裡很高妙的一種判斷功夫。

孔子在《論語・子罕》時說過：「可與共學，未可與適道；可與適道，未可與立；可與立，未可與權。」意思是你們可以都來修這門課，但是每個人的資質不同，領受的也不太一樣；就算你學了道，但是到時候會不會在社會上使用，又是另外一個問題；接下來，你就算立了，知道什麼時候不能用它，則是「權」，而「權」是最難判斷的事情。守正與權，是君子的一個標準。

君子，或是小人

孔子很常以君子和小人來對比，最常被拿來舉例的是出現在《論語・里仁》的「君子喻於義，小人喻於利」，於是受到孔子的影響，好像中華文化後來都是「恥言利」。尤其很多人都以為孔子說：「富貴於我如浮雲。」但他其實不是這樣講，他說的是「不義而富且貴，於我如浮雲」，重點是在於不義的富跟貴。

這裡的義與利只是拿來強調、做對比，與小人比起來，君子考慮義的時候比較多而已。況且前面不是有一句話「無適也，無莫也，義之於比」嗎？孔子的意思並不是鼓勵你不要賺錢，所以你不能夠用二分法來理解這個問題。他其實是說，你的利也要考慮到「義」罷了。

子曰：「君子和而不同；小人同而不和。」（《論語．子路》）

這一段話很重要，可以說是中華文化的精髓之一，只是很不幸，歷來的中國統治者都沒有了解這一點。

所謂的「和而不同」，是我跟你在一起，有自己的意見，但可以不同意你的意見；在這裡，我保留、擁有跟你意見不同的的權利。「同而不和」則是我跟你一樣意見，但是我不跟你和在一塊。

和而不同也可以比喻為，你做菜把所有的材料都放進去、調味料也都灑進去，彼此的味道都在，沒有一個食材搶過了其他食材的味道，然後還能變成一個新的東西。同而不和，就是有一個味道搶過了所有其他味道，像是一碗酸辣湯裡，你只吃到酸，沒有嚐到辣，沒有酸辣中和。

自古，中華文化中的社會很難有異言堂，而是一言堂。在社會或團體內，都是老闆說什麼，大家就跟著講、跟著認同；但現在是民主時代、眾聲喧囂，就應該真的要「和而不同」，每個人都可以提出自己的意見，雖然你的意見或許別人不同意，但是對於你講話的權利，應該是要被維護到底的。

終極理想：大同

孔子曰：「大道之行也，天下為公。選賢與能，講信脩睦。故人不獨親其親，不獨子其子。使老有所終，壯有所用，幼有所長，矜寡孤獨廢疾者，皆有所養。男有分，女有歸。貨惡其棄於地也，不必藏於己。力惡其不出於身也，不必為己。是

故謀閉而不興，盜竊亂賊而不作。故外戶而不閉，是謂大同。」（《禮記．禮運》）

一般認為孔子心中的理想社會，就是〈禮運大同篇〉，從「大道之行也，天下為公」，可以看到孔子的政治思想是一個「公天下」的思想。其實這也帶有一點點社會主義的想法啦，因為天下的事情都是公眾的、天下沒有私人的東西，這個概念真的挺接近社會主義。

選賢與能，這個「與」字，有人也寫成「舉」字，意思是要選出有賢、有能的人。在古代呢，像是魏晉南北朝的時候要靠薦舉法，或是求訪，去找出一個地方的賢能人士。只是後來薦舉法變得不可靠，所以乾脆用考試的；然後這一考，就一直考到現在。不過回過頭來看，孔子當時只說要選賢與能，並沒有提到用什麼方法，只說要讓有賢能的人在位而已。

講信脩睦，就是跟人來往要有誠信，要守信用，而脩睦即是彼此之間有很好的群德；有了這個「睦」，人不會只有親愛自己的老爸、老媽，連其他人的父母也都會照顧。你想，這不是我們現在高齡化社會要努力的目標嗎？反之，照顧小朋友也是一樣，那些幼兒園或是社會福利機構或措施，都是出自「不獨親其親，不獨子其子」的理念。

老有所終，要讓老人家可以安享晚年，但現在的「老有所終」很多都是指養老院。養老院是一種等死院，把老人隔絕在一個山高水遠處，可能風景很好，但是沒有人去探望他們，而老人整天記掛著誰來看過、誰沒來了……這種讓人難過的事。其實我覺得「老有所終」不是說讓老人吃飽、有地方住、延續生命，最後可以善終而已，應該是要讓老人家覺得自己在這社會上還是有用的人。

壯有所用。這個「有用」，我們現在就是用工作來區分，有工作好像才是有用，沒有工作的人呢，惶惶然如喪家之狗。不是這樣的，「有用」是要讓青壯世代的人能覺得自己是有用的，而且是對社會有用。幼有所長，是每個小孩都能夠好好地成長，無論是在自己的家庭裡或是育幼院裡。

再來，寡孤獨廢疾者，皆有所養。台灣的殘障福利已經做了一些，比沒有做的時候好，但是如果真要更好，可以到歐美去參考人家的做法。我以前在柏克萊的時候，走在馬路上常看到所謂的殘障人士，但在台灣路上卻很少看到殘障人士，為什麼？因為像我們人行道上那種機車的擺法，叫盲人走在那上面還真是虐待他。

男有分、女有歸，講的是性別，現在的我們覺得傳統的性別概念太僵化，但在春秋時期，要求性別觀念不僵化也很難吧？這裡的「歸」指的是「嫁人」，畢竟在當時，女子嫁人是一種價值，因為要傳宗接代，你必須嫁人；但現在說要傳宗接代，其實不一定要嫁人。

貨惡其棄於地也，不必藏於己，東西掉地上都沒人撿，因為每個人都有，不必貪；力惡其不出於身也，不必為己，該出力的時候，每個人只會擔心自己使不上力，不會只顧著自身的利益，都會努力來做。是故謀閉而不興，盜竊亂賊而不作，所以人不必有什麼權謀，不必跟人家偷啊搶的，都不必，因為東西你都有啊！

故外戶而不閉，是謂大同。於是到最後，你連門都不必栓啊！栓門幹嘛呢？又沒有人要偷、要搶。這就是孔子心中的大同世界。

當然〈禮運大同篇〉還有很多東西沒講到，比如禮樂，但是能在這麼短的文字內，把人類那種希望安居樂業、得到公平待遇，或者活得更好的期待描繪出來，就算不完全是孔子的理想，也一定繼承了他的一些想法。這樣的理想，其實可說是普世的理想，並不是孔子一個人的想法，是其他世界先哲也希望能夠達到的境界。

這或許是一個烏托邦般的夢想，但若是讓人類能夠活得更好、社會建設得更理想完善，或許我們不需要再幻想超人的存在，包括孔子這樣的超人，或是任何形式的超人。

肆

4

孔子與他者

——關於人際

子曰：
「唯女子與小人為難養也！
近之則不說，
遠之則怨。」

父子、君臣、朋友、師生與夫妻

——孔子的人際關係

過去很少人會從人際關係的層面來討論孔子，但人際關係是社會學裡很重要的一環，我們這本書既然是從社會學的角度出發，當然也要看看孔子的人際關係如何。因此探討《論語》中孔子對於「五倫」的說法與故事，也就成了這一章的主要目的。

所謂的「五倫」指的是：父子、君臣、朋友、夫妻與手足，然而，古籍中對於孔子的夫妻及手足關係記載甚少，他自己講的也不多，所以我們在這主要著重於父子、君臣、朋友關係，再加入較少人注意到的孔門師生關係，以及一些與孔子有關的女性的記載。

父子

根據記載，孔子的父親在他三歲的時候就已經過世了，所以孔子基本上對他爸爸沒有什麼記憶，也沒得互動了，因此這裡提到的父子關係，多是指他與兒子孔鯉（伯魚）之間的互動。

這個孔鯉呢，出生的時候，魯昭公以鯉魚賞賜孔子。有人認為孔子收到魯昭公的禮物，好，既然送我鯉魚，那我兒子就取名叫鯉好了。我個人認為這是一個原因，但更重要的原因可能是孔子非常重視禮，禮樂的禮、禮義廉恥的禮，我覺得如果爸爸重視這種德行，把小孩取一個同音的名字應該也有道理，不會只是因為魯昭公送了一條魚而已。不過這純粹是我個人的推測，也沒有根據啦。

那麼，孔子自己講到的父子關係有哪些？

《論語．先進》提到：「顏淵死，顏路請子之車以為之椁。子曰：『才不才，亦各言其子也。鯉也死，有棺而無椁；吾不徒行以為之椁，以吾從大夫之後，不可徒行也。』」

這個故事發生的時候，孔子的年紀已經很大了，那時顏淵死了，而孔子的兒子也早已過世。故事裡的顏路是顏淵的爸爸，他跟孔子說：「老師啊！你還有車，為了我們家小回、你最心愛的弟子，是不是可以把你的車賣掉或拆掉，給我們家小回做一副有椁的棺木吧？」古代的棺木是外有椁，內有棺，是兩層的，君王和貴族下葬才是棺椁都有

孔子只說，唉，我兒子也死了，而且「鯉也死，有棺而無椁；吾不徒行以為之椁，以吾從大夫之後，不可徒行也」，指孔鯉死的時候也只有棺、沒有椁；要他給顏淵做一副有椁的棺木，不合禮法啊！我們不是貴族，怎麼能用貴族的禮呢？就算是為了最心愛的弟子甚至親兒子，也不能逾越禮法。

另外還有一個有意思的段落，出自《論語．季氏》，也是在第二章提過的：

陳亢問於伯魚曰：「子亦有異聞乎？」對曰：「未也。嘗獨立，鯉趨而過庭。曰：『學詩乎？』對曰：『未也。』『不學詩，無以言。』鯉退而學詩。他日又獨立，鯉趨而過庭。曰：『學禮乎？』對曰：『未也。』『不學禮，無以立。』鯉退

而學禮。聞斯二者。」陳亢退而喜曰：「問一得三，聞詩，聞禮，又聞君子之遠其子也。」

話說陳亢有一次問伯魚，子亦有異聞乎？這裡的有異聞乎不是說：「伯魚呀！你好像聞起來有個怪味道？」而是問：「你有沒有聽過你老爸在下課後，跟你講一些其他的事情？」這是要打聽老師有沒有留一手啊。

伯魚說沒有，而且是非常肯定的，這表示伯魚應該也跟其他人一起上孔子的課，不然他怎麼知道孔子上課講的跟在家裡講的有什麼不一樣？他接著說：「只是有一天我老爸在庭院裡，當時我想要快步走過去，卻被他看到。老爸說：『站住，小子，唸過詩了沒？』我說沒有。他就說：『你不學詩將來怎麼出任外交任務，跟人家講話呀？』」於是伯魚就退回去學詩。

又有一天，也是差不多的情況，伯魚想溜出去，結果又被老爸叫住：「你學了禮沒有阿？」伯魚說沒有。孔子就說：「不學禮，你怎麼在社會跟人家立身呀？」所以伯魚只好又退回去學禮。

因此伯魚跟陳亢說：「我就只有聽到這兩件事而已。」

沒想到陳亢開心地說：「哇，高興呀！我只打聽一件事，結果知道三件事情，賺翻了我！聞詩，我知道詩很重要，聞禮，我也知道禮很重要，又聞君子之遠其子也，原來老師也沒特別教他兒子呀！哈哈哈哈哈！」

老師沒特別教自己的兒子，竟讓陳亢高興成這樣？而且君子遠其子，我們的親子關係就是有孔子這個壞榜樣，所以後來的老爸跟兒子關係不好也不覺得奇怪，還當成正常的。

還有一段故事也表達出孔子的親子關係不怎麼樣。那是記載在《禮記．檀弓上》：「伯魚之母死，期而猶哭。夫子聞之曰：『誰與哭者？』門人曰：『鯉也。』夫子曰：『嘻！其甚也。』伯魚聞之，遂除之。」

伯魚的母親，也就是孔子太太死了，而且是三年之喪都過完了還有人在哭。孔子聽到了就說：「是誰在哭？」門人說：「就是你兒子孔鯉呀！」結果孔子說：「說怎麼還哭呢？不該再哭了，不合禮法呀！」後來伯魚聽到，便不再哭了。你看這什麼親子關係？媽媽過世了，思念媽媽而哭有什麼關係，哭怎麼過分呢？不會出去安慰兒子，說你媽媽死了我知道，我雖然跟你媽不怎麼樣，但她愛你是真的，你得好好地長大成人，不要讓你媽失望，應該是這樣嘛！

最後，在《孔子家語．致思》裡有一段故事：

「孔子謂伯魚曰：『鯉乎！吾聞可以與人終日不倦者，其惟學焉。其容體不足觀也，其勇力不足憚也，其先祖不足稱也，其族姓不足道也；終而有大名，以顯聞四方，流聲後裔者，豈非學者之效也？故君子不可以不學，其容不可以不飭。不飭無類，無類失親，失親不忠，不忠失禮，失禮不立。夫遠而有光者、飭也；近而愈明者、學也。譬之污池，水潦注焉，萑葦生焉，雖或以觀之，孰知其源乎？』」

意思是孔子告訴伯魚，你不知道，你老爸就是一天到晚跟人講話都不會累的人，這就是學呀！如果我是伯魚，會想說：「老爸你不累，但你的學生可累著呢！他們得上廁所！」接著孔子又講講講講，講到「所以君子不可不學」，簡單來說就是一直鼓勵伯魚要學。

所以說這個伯魚到底是多麼不學？我們也不知道，只知道伯魚後來比父親早死，葬在孔子旁邊，但什麼名氣也沒有，什麼大事也沒幹過，只留下這些零碎的親子片段。

現在應該知道我雖然教了孔子這門課，但我不是孔子的崇拜者，以前對孔子有很多不以為然的地方，現在還是不以為然。他的優點我們要誇獎，不好的地方我們就不要照著做，我覺得這才是真正的孔子精神。

無違就是孝？

在中華文化裡，親子之間最重要的就是孝。而什麼是孝？在《論語・為政》中，魯國大夫孟懿子跟孔子請教孝道，孔子說：「無違。」

魯國的貴族孟懿子問孝，孔子說無違，很多人解釋無違是「不要違背」，爸媽說什麼你都得聽話，這就是孝順；好比你爸媽叫你去死，你就去死，這叫孝順。但不是，無違不是這個意思，你必須把孔子的話全部看完才行。

樊遲御，子告之曰：「孟孫問孝於我，我對曰『無違』。」樊遲曰：「何謂也？」子曰：「生事之以禮；死葬之以禮，祭之以禮。」（《論語．為政》）

後來孔子把自己跟孟懿子的對話告訴樊遲，樊遲是孔子的學生，替孔子駕車的。樊遲問：「老師這是什麼意思呀？」

孔子的回答是：生，事之以禮。死，葬之以禮，祭之以禮。雙親還活著的時候，侍奉他們要講禮，在古代就是晨昏定省，晚上睡覺前要跟爸、媽報備一下，說爸、媽我要睡覺了，你們要好好蓋被子喔！我剛才已經把蚊子餵飽了，而且還喝了酒，我的血充滿了酒精，蚊子只要叮了我就醉了，應該都昏過去了，我很孝順喔——這不是二十四孝故事裡的黃香嗎？似乎盡孝就得這樣，但你現在想想，這也不是很好的例子啊。

我覺得二十四孝裡面沒幾個好故事，有一個是父母喜歡吃鯉魚，小孩就臥冰求鯉；一個小孩子躺在冰塊上，像話嗎？還有打虎救父，第一，這不愛護動物；第二，讓小孩子去打老虎，這是什麼邏輯！還有長輩生病了要吃肉，就刮了屁股肉給他吃，這食人族的作法啊，怎麼不去找草藥嘛！今天看一看都是非常病態的故事，我不知道古人怎麼受得了！而這竟然是二十四孝，無違到這個地步，根本就是二十四虐童故事。

孔子說孝是無違，是指無違「禮」，而非不要違背父母親的意思。生有生的禮、死有死的禮、葬有葬的禮、祭有祭的禮，這就是孝，孝在文化而言是一輩子的事情，從生到死。所以為什麼有祖先、公媽牌位？為什麼我們要掃墓？這表示我們跟祖先有血緣、有聯結，是斷不掉的關係。

不只孟懿子，後來連孟懿子的兒子孟武伯也來跟孔子問孝。這故事在《論語・為政》中有提到：「孟武伯問孝。子曰：『父母唯其疾之憂。』」這裡要解釋的重點，在於那個「其」是指誰？

有人說，你要擔心的就是父母生病呀！不過也有人說，可是父母只擔心小孩生病。我覺得，總之父母親擔心小孩生病，比小孩擔心父母親生病來得多。試想你沒住在家裡，只要天氣冷一點，爸媽一定會打電話來要你多穿一件衣服，所以才會有一種冷是你爸媽覺得冷，那種冷是最不得了的冷。

一般小孩有什麼時候會因為天氣驟變就打電話回去：「媽，我聽說天氣變冷了，您得多穿衣服呀！」很多小孩打電話回家，大概都是說：「媽，給我匯點錢過來……」所以父母唯其疾之憂，從經驗上來看，雖然是有雙向的可能性，但大多數都是單向的。

父親犯錯，兒子閉嘴

不過對於孝的觀念，孔子有一個跟人家很不一樣的地方。

「葉公語孔子曰：『吾黨有直躬者：其父攘羊而子證之。』孔子曰：『吾黨之直者異於是：父為子隱，子為父隱，直在其中矣。』」（《論語．子路》）

葉公對孔子說：「我們這個地方有個人非常正直啊，老爸偷了羊，做兒子的就出來作證。」我想，這個地方顯然不太好，為什麼老爸要去偷人家的羊呢？這個地方一定有問題。沒想到孔子說：「在我的地方，『直』的人跟你們不一樣。我們是父為子隱，子為父隱。」

在這裡，孔子強調的是孝順的重要性，覺得指責父親的錯事，並不是兒子的職責，所以做兒子的要替父母隱藏；指責父母是別人的工作，不是孩子的工作。

類似的故事在《孟子》裡也有。據說舜是很孝順的人，但是這個舜呢，依現代社會來講是來自高風險家庭，舜的爸爸是瞎眼老頭，媽媽則是對他非常不好，就是典型的後母；然後他還有個弟弟叫象，非常驕傲，對哥哥也不好。有一次這家人就挖一個井，想要把舜搞死在裡頭，但舜偷偷地在井裡面挖了一個隧道，最後得以逃出來。

這故事的意義是什麼呢？道高一尺、魔高一丈，因為這根本是一個邪惡家庭的故事——不是，是家人對舜這麼壞，舜卻從來沒有報復的心；舜的父母手足都很差勁，可是他仍以仁愛對待他們，這是舜的偉大，大部分的人都做不到。

所以舜的爸爸犯罪了怎麼辦？很簡單，去抓他。但誰去抓？當然不是舜，因為舜會棄天下如敝蹝，把天下給扔下，然後揹著爸爸逃到天涯海角。

從社會學來講，國君是舜的一個角色，但身為人子也是一個角色，而兒子這個角色是最大的；所以做兒子的責任就是揹著爸爸逃走，卸下國君的角色，把追究父親犯罪的事情交給別人去辦，因為抓老爸不是兒子的事情。這是儒家對孝的概念。

這也是法家的人很痛恨儒家之處，他們認為父親偷了羊犯了罪，兒子當然得說，但是對儒家來說親恩最大，是不可能要求人們移孝作忠，因此移孝作忠的說法其實是狗腿的後人拿來呼攏君王用的。只不過本來是騙、是藉口，後來的人卻演變成真心相信儒家是這樣，變成忠君思想的代表，以至於中國的統治者也漸漸變得超愛儒家。

君臣

這個君臣關係呢，對應到現代可以想像是職場的上下關係，畢竟君臣關係也就是古代的職場關係。

在《論語・八佾》中，定公曾問孔子君臣的互動關係是怎樣的：

「定公問：『君使臣，臣事君，如之何？』孔子對曰：『君使臣以禮，臣事君以忠。』」

過去我們講到傳統的君臣關係，好像都是君要臣死，臣不敢不死，都說這種觀念是儒家的工作倫理，認為既然拿人家的薪水就要幫人家辦事。但你看孔子實際上是怎麼說的？

孔子說的是「君使臣以禮，臣事君以忠」，上位的人對下位的人如果有了該有的禮，臣子便會對他盡忠。這裡的盡忠不是說要替老闆賣命，而是盡到自己最大的能力，這也是為什麼後來朱熹註解「忠」的時候，會說是「盡己之謂忠」，是很大的差別。

孔子怎麼看待職場關係？

「衛靈公問陳於孔子。孔子對曰：『俎豆之事，則嘗聞之矣；軍旅之事，未之學也。』明日遂行。」(《論語．衛靈公》)

衛靈公曾問孔子打仗布陣的方法，結果孔子說有關禮節的事情，他有學過，但關於軍旅的事情他沒有學過。

孔子真的沒學過嗎？在《史記．孔子世家》的記載，有一次冉有與齊國打仗打得很好，季康子就問他，你是跟誰學的啊？冉有說自己的本領就是跟孔子學的。所以，他是真的沒學過？還是不希望教衛靈公打仗之事？孔子到衛國的時候本來想大有作為、大展身手，但衛靈公不太鳥他，也或許他認為衛靈公只想打仗，那對不起，打仗的事我沒學過。

如果孔子的思想真的是下面的人要聽上面的，那他當時應該要馬上跪下來，說「為臣有幾個想法您可以參考一下……」可見他也認為上下、君臣之間是以意合，他講的跟你講的有意合才可以，不行就走人。

所以不要覺得孔子跟職場沒什麼關係，儒家思想很腐敗啊，都叫人家要服從上面的……這是沒有好好看書，孔子都說盡忠的前提是待之以禮，是互相的才有意義；老闆要是不待以禮，就走人了啊！孔子就是這樣。在君臣關係上，他強調的是互動觀，不是片面觀。

《論語．衛靈公》也提到：「事君敬其事而後其食。」這是什麼意思？是說你要輔佐一個國君，或者將來要在社會上做事、找工作，應該先想到自己能對這件事有什麼樣的貢獻，才決定你要多少薪水。這跟美國前總統甘迺迪講過的一句名言「不要問國家能為你做什麼，要問你能為國家做什麼？」也有點類似。

你當然可以說，我難道不能問國家能為我做什麼嗎？但他不是這個意思，而是做為一個國民、做為一個國家的領袖而言，你當然要每天問自己，我能為我的國民做什麼？

如果你真心地想做一個工作，不只是為了一份薪水，那你要想，那個工作跟你的人生目標是否一致？而且一個人要找好工作，也要找一個好老闆。好老闆的定義不是給最多薪水的那個人就是好老闆，好老闆是他的事業對人有貢獻、賺取合理的利潤，而不是只想大賺一筆、馬上落跑的人，那個不叫工作，叫詐騙。

但不幸地，現在很多年輕人出去找工作，因為被社會恐嚇只能拿22k，覺得只要能夠找到一個23k以上的就是還不錯的工作，把焦點都放在數字上面，而不是你的工作跟人生目標之間的關係，相當可惜。薪水當然重要，儒家從來沒有不主張發財，如果真是這樣，那這個學派和思想還真是完全不了解人的心理。愛財是正常的，想著要怎麼生活也是正常的；可或許你也能想一想，現在的工作除了為自己帶來錢財之外，還能為他人、為社會甚至為世界做些什麼？

理想的君民關係

至於君民關係的討論，唉，是孔子的話語中最容易引起誤會，說他是支持愚民政策的人。就像《論語．泰伯》有一句「子曰：『民可使由之，不可使知之。』」這句話普遍的解釋是，老百姓哪，你只能讓他聽你的話，不能讓他知道你為什麼要去做這件事情。所以老百姓只要做就對了，不要問為什麼。如果是用這樣的方式來解釋，聽起來是一種愚民政策。

但這一句話，怎麼斷句就有怎樣的解釋。

另一種說法是可以將這句話拆解為：「民可使，由之，不可使，知之。」其中的「使」，基本上是指古代的勞動服務，因此可以解釋為人民可以做勞動服務的時候，才讓他們去做；不可以的時候，君王也要去了解不可以的原因在哪裡。這種說法，我覺得比較合情合理。

還有一種解釋是：「民可，使由之，不可，使知之。」可以使用老百姓的時候，就去使用；不可以的時候，也要知道為什麼不行，或是要讓百姓知道為什麼不可以。

我曾經找過與使民相關的文章來看，我解讀孔子的意思是在上位者要老百姓服勞役，一定要選在農閒的時候，才不會干預老百姓的農活，尤其古代是農業社會。但不管怎麼說，如果你認為孔子就是個只為君王謀福利、不管天下百姓幸福的人，就會覺得《論語》裡充斥這種愚民話語。

但如果你認為孔子是個首尾一致的人，就會認為他想的其實是天下老百姓的幸福。在之前的章節裡提過，孔子是個和平主義者，不希望以殺戮、血流漂杵的方式來取得天下；若他的理念是這樣，怎麼可能要君王欺矇百姓？孔子應該有個性上的一貫性，前面講的孔子都是以老百姓、天下福利為主，一脈下來到這裡應該也是這樣的想法。

我們有時要依整個脈絡、依思想來解經，尤其是在內容有歧異或者意義不完整的時候，這時順著脈絡來解，就能找到答案。

朋友

其實在中國古籍裡，討論朋友人際的部分不多，少數像《論語》裡面有提到一點。在西方，亞里斯多德的《尼各馬科倫理學》（Nicomachean Ethics）裡就有提到朋友，所以十六世紀利瑪竇到中國時，寫了一篇〈交友論〉，講朋友就是另外一個自己，也就是 alter ego，把徐光啟、李之藻等幾個知識份子驚駭到不行，哇，西洋人有這個理論，真是先進的文明。

而孔子有沒有朋友呢？在《論語》裡實在看不出來，倒是有個老鄉陽貨，但從記載裡看起來，兩人也不是朋友。至於孔子討論交朋友的部分，是在《論語．學而》：「子曰：『學而時習之，不亦說乎？有朋自遠方來，不亦樂乎？人不知而不慍，不亦君子乎？』」這個「朋」，我們現在都解釋成朋友，而書中出現的「朋」也就這麼一次而已。

其實依照傳統的解釋，「朋」原是指兩串錢，只是沒人會用兩串錢來解釋這句話。但如果用這方式解釋的話，那真的讓人太高興了，有兩串錢從遠方來，不曉得誰匯進來的？我太高興了，不亦樂乎～

只是這朋字後來也被解釋為「同門為朋」，不過若是根據後面《論語．子張》說法，也應該是同門為「友」不是為朋，所以朋就變得很尷尬。「朋友」連起來講沒問題，但光提到「朋」，說有朋自遠方來，為什麼朋要自遠方來？跟你玩桌遊嗎？你做了什麼事情，要有朋自遠方來？

要是從政治的角度來看，孔子說過「近者說，遠者來」，這個朋呢，就是來歸順於你的。如果從教學的角度來打比方，就是老師教得太好了，我要到台灣來看看你，上你的課，這叫有朋自遠方來，套用現代的意義，就是粉絲啦！所以有朋自遠方來不是壞事，是因為你的道德或才能感動了別人，讓別人希望能夠來你這兒，類似全球化的概念。

至於不亦樂乎，樂什麼呢？來跟你打麻將嗎？當然是一起行道。我們有共同的目標或遠景，才會有樂，應該是這樣的詮釋。

另外在《論語．述而》提到：「三人行，必有我師焉：擇其善者而從之，其不善者而改之。」有一種解釋是說，啊，三個人走在一塊兒，就有一個是善人，有一個是不善的，然後還有一個是我；那我就跟那個善的人在一塊，不要跟不善的人在一起。可我覺得這種解釋太死板了，幹嘛三個人走在一塊兒，一定有一個壞人呢？你是被綁架了嗎？

三人行，必有我師焉，這裡的「三」只是一個虛數，意思是你跟一群人在一起，這裡的每一個人都有值得你效法的地方；擇其善者而從之，其不善者而改之，好人做的好事要學，壞人做的好事也要學，甚至沒有好人與壞人的區別，而是好事與不好的事的區別。

還有，《論語．述而》也提到：「蓋有不知而作之者。我無是也。多聞擇其善者而從之；多見而識之，知之次也。」是說不要人家講什麼就相信，要多方考察多看一點資料，做一個有獨立思考能力、能夠判斷是非的人。對現代人來說，是提醒我們凡事不要只看懶人包，自以為吸收、了解得很快，還是全盤了解，其實不過是被人家牽著鼻子走。

《論語．學而》也有一段討論朋友的話：「君子不重則不威，學則不固。主忠信，無友不如己者，過則勿憚改。」這裡的「無友不如己者」，跟在《論語．子罕》中提到的「毋友不如己者」，到底哪一個是對的？

表面上，無友不如己者意思似乎是：不要跟不如自己的人交朋友。這跟以往小孩子上學之後，都會被父母警告說，要跟功課好的同學來往，不要被功課不好的同學帶壞是一樣的意思。這種態度你也隨時看得到，每次只要發生什麼兇案命案，記者去訪問父母就會出現一句：「我兒子是好孩子啊，都是被別人帶壞的啊……」

如果根據上面的邏輯，不要跟不如自己的人來往，只要跟比自己好的來往，那對於比你好的人而言，你不是相對比他差的人嗎？那他幹嘛跟你交朋友？於是每個人只能像印度的種姓制度一樣，在差不多程度、好壞的階層裡來往，道德又怎麼能提升？

所以「無友不如己者」，怎麼樣的人際來往比較有力量呢？應該就跟「三人行，必有我師焉」一樣。每個人都有值得我效法與警惕的地方，沒有人不如我，人人都有長處。你要像孟嘗君一樣，養士呢，雞鳴狗盜之徒都得養，畢竟哪一天會用上也不知道啊！

而這兩種的解釋也會發揮兩種不同的力量，一種讓你覺得自己的位置很高，自己是這種身分的人，怎麼跟那種人交朋友？另一種則是把所有人都視為可以交朋友的對象，可以跟所有人學習；如果是這樣，我想這樣你的朋友圈也會比較擴大，能遇見更多不同的人。

朋友的最高境界：友直，友諒，友多聞

對孔子來說，朋友之間要如何相處？在《論語．顏淵》裡，子貢曾向孔子問這個問題，他說：「忠告而善道之，不可則止，無自辱焉。」

這裡的「忠告而善道之」，是你要給他建議，告訴他該怎麼做，要引導他，如果他不聽也不用再繼續，免得自取其辱。你看孔子講得多現實務實，他沒告訴你，如果對方不聽你就一直講，講到他耳朵爛掉為止。

接下來是孔子論友最知名的一句話，出現在《論語．季氏》中：「益者三友，損者三友；友直，友諒，友多聞，益矣。友便辟，友善柔，友便佞，損矣。」

這裡討論的是哪些人值得當朋友呢？益者三友，有三種值得交往的朋友，直與諒是你做錯事情他會原諒你；多聞，是指博學多聞的人值得你來往，也就是說你跟維基百科、跟google交朋友不就好了？不然你也可以跟siri交朋友，現在不也有什麼雲端情人，買一個軟體，每天跟它在一起還愛上它，只是最後驚訝地發現所有人都在用同一個軟體。

至於那三種不值得來往的人，無論是裝腔作勢、花言巧語還是巧言好辯，重點只在於他有沒有真心。他表現出來的跟內心的想法是不是真的、是否一致？一個人值不值得來往，只在於真心而已。不真心的人，你真的不要浪費生命了，對朋友是這樣，對愛情也是這樣。

《論語．子罕》有一段更有趣了，可以看出孔子對人性的敏銳觀察，放在這個時代也完全適用。他早就發現人與人之間啊，「可與共學，未可與適道；可與適道，未可與立；可與立，未可與權」，在不同階段會有不同的想法或立足點。在學生時代，或許每個人當下的目標都相同，但是走到面臨人生目標的時候，可能就不一樣了。唸書的時候，你跟同學都想開咖啡廳、開服裝店，但到了真要立身於社會時，他的想法或計畫可能又跟你的不一樣了。

再來，下一個更高的境界是「可與立，未可與權」。能一起立身於社會，但久而久之，彼此的價值觀可能越來越不一樣，權衡的立場不同，什麼時候判斷什麼事情該做，什麼事情不該做，有時意見就不一致了。所以人很難，交朋友特別難，你如果到了這境地，那是高處不勝寒啊！

師生

孔子與學生之間的關係，過去比較少人討論，我們會在下一章比較詳盡地聊聊孔門的師生關係。在這一段，我們先簡單地看看他與弟子們的互動是什麼樣的？

子路、曾皙、冉有、公西華侍坐。子曰：「以吾一日長乎爾，毋吾以也。居則曰：『不吾知也！』如或知爾，則何以哉？」子路率爾而對，曰：「千乘之國，攝乎大國之間，加之以師旅，因之以饑饉，由也為之，比及三年，可使有勇，且知方也。」夫子哂之。「求，爾何如？」對曰：「方六七十，如五六十，求也為之，比及三年，可使足民；如其禮樂，以俟君子。」「赤，爾何如？」對曰：「非曰能之，願學焉！宗廟之事，如會同，端章甫，願為小相焉。」「點，爾何如？」鼓瑟希，鏗爾，舍瑟而作。對曰：「異乎三子者之撰。」子曰：「何傷乎？亦各言其志也。」曰：「莫春者，春服既成；冠者五六人，童子六七人，浴乎沂，風乎舞雩，詠而歸。」夫子喟然歎曰：「吾與點也！」三子者出，曾皙後。曾皙曰：「夫三子者之言何如？」子曰：「亦各言其志也已矣！」曰：「夫子何哂由也？」曰：「為國以禮，其言不讓，是故哂之。」「唯求則非邦也與？」「安見方六七十，如五六十，而非邦也者。」「唯赤非邦也與？」「宗廟會同，非諸侯而何？赤也為之小，孰能為之大！」（《論語．先進》）

子路、曾晳、冉有與公西華侍坐。曾晳就是曾子的爸爸，論語裡也只出現過這麼一次，就像那種拚命蹺課只在最後一個禮拜出現的同學。孔子說：「不要因為我年紀比你們大，就不敢在我面前說話。」在他面前很多人都不敢說話啊！敢說話的只有那些孔門語言科的人，像子貢、宰我。

接著他說：「你們不要平常就說，唉呀！大家都不用我。如果人家真的要聘用你，那你有什麼才幹可以告訴人家？」就像現在去應徵工作，面試的主管會請你自我介紹一下，問你認為自己可以對公司有什麼貢獻，或是自己有什麼能力可以勝任這個職務啦……類似這樣的情境。

子路這個大學長搶先開口，說：「如果有一個千乘之國（乘是四個馬車拉的一輛車），居在大國之間（表示那個國家在軍事上其實有危機的），這個地方有軍隊，但是穀物不收、收成不好，像這樣的國家讓我去治理的話，只要三年的時間，我就可以讓老百姓每個人都勇到可以當兵。」

這個子路就只知道勇，也只強調這一點就結束了。他講完的時候，孔子哂之，這個哂，有人說是小笑，有人說是大笑，也有人認為是陰險的笑。古注裡面解釋有大笑、小笑、什麼笑都有，把孔子講得好像演員，要來表演一下……但我想，這個「哂之」應該是孔子覺得子路就是這樣啦，不意外。

接著孔子問冉有：「那你怎麼樣？」冉有回答：「方六七十，如五六十……」你看前面是千乘之國，現在是方六七十、如五六十，一直往下降，很像跳樓大拍賣還什麼週年慶，三折不行變二折似的。他說：「這樣的地方讓我來管理，只要三年就可使足民。不過禮樂這部分，我就一點辦法也沒有。」

冉有可能是謙虛，接在學長後面不能講太偉大，學長連禮樂都不講，他也謙虛地說禮樂我沒辦法，學長沒辦法我也沒辦法，只好另請高明啦！

冉有講完了，孔子連笑也沒笑，什麼表情都沒有。我想我要是孔子，大概是難過到不行。天呀！第一個已經講成那樣，第二個還講成這樣，再下去志向不就越來越小了嗎？

第三個是公西華。他說：「我不是說自己可以，但我願意試試看。我大概能作的也不是治國啦！不過關於宗廟之事我願意當個司儀，穿著整齊、帶一個帽子，然後說謝謝大家，今天記者會到此結束，我們現在要改換場地……」你看，果然越來越小了吧。

孔子想，這還有戲唱嗎？教書教到現在一個比一個更差，再講下去能聽嗎？而最後一個人，曾晳說：「在春末的時候，春服已經做好了（不會太晚了嗎？）帶著未成年五六人、年輕人六七人去河邊，入沂水裡面洗澡，在祀雨的壇上涼乾，大家一起高聲唱歌回家。」好，這是曾晳的志。你覺得孔子什麼時候教過這樣的志？聽起來他也非常像道家派來臥底的。

聽到這，孔子喟然嘆曰：「點真好，我讚美點呀！點，這理想真是我的理想。」一般人認為孔子的理想是一種大同世界，所以理想世界的狀態就是輕輕鬆鬆到河邊去洗澡、唱歌，換成我們就是晚上到KTV唱歌、喝酒，唱到清晨，所以一般人都將「吾與點也」做出孔子認同曾點的解釋。

但若是這樣，故事到這裡不是應該結束了？孔子又怎麼會「喟然嘆曰」？尤其在古籍裡面，「喟然嘆曰」多半是悲嘆，並非稱讚。我覺得孔子應該是想說，天呀！剛剛公西華才說願為小相焉，但這傢伙居然連相都不去做，甚至不願意考國家考試、做個公務員為人民服務，自己在河邊揪一群人去洗澡！這是我孔門要教出來的學生嗎？所以喟然嘆曰，應該是崩潰的意思。

故事的最後，其他三人出去了，只剩下曾皙跟孔子。曾皙說：「問老師一下，你覺得他們前面三位講得怎麼樣？」唉，如果你知道老師的精神所在，還要問這個問題嗎？還是你只來上過一次課，當然不知道。

孔子回答：「這不過就是談談個人的志向罷了。」你看，他講話已經沒氣了，看到這種學生乾脆準備退休吧。

沒想到曾皙又問：「為什麼子路講完之後，你笑了呢？」孔子說：「為國要靠的是禮呀！這傢伙講話連基本的禮都沒有，還能治國嗎？所以我笑了。」顯然「哂」絕對不是一個好意的笑。

曾皙再問：「那難道冉求就不能夠去治一個邦嗎？」孔子回答：「安見方六七十，如五六十，能算是一個邦嗎？」孔子都要沒力了，但這人居然還沒問完：「難道公西華也不行嗎？」孔子說：「宗廟會同，非諸侯而何？如果赤都不能做，那還有誰能做？」

看來孔子已經回答得心不甘情不願，這種話不是老師已經不想回答，就是老師想上廁所了，於是這故事到這裡也結束了。

我覺得這一段非常生動地描繪出孔子跟學生之間的互動。在這個故事裡，孔子最喜歡的弟子顏淵不在，然後子路的魯莽一如往昔。

但為什麼孔子要說「吾與點也」？我的解讀是，與其當成讚許之意，不如說還有別的意思，那一個「與」就可以有很多的解釋。吾與點也，是孔子恐怕已經絕望到極點，才會說：「如果你們下次要去洗澡、要去唱歌，別忘了通知我一聲，我也要參一腳。」不然你想孔子哪裡是教學生要去河邊洗澡、唱歌的？他努力教的是要怎麼做人，就像前面講到為學、道德、君臣、父子關係、孝順、禮樂等等，他要教的是這些。

所以從這一段大概可以一窺孔門師生的互動，有時候，老師講的話，學生也不太會聽，然後老師想要測驗一下學生的學習成果，才發現學生也沒有太學到自己的精華。或許這也是為什麼後來孔子把希望寄託在刪詩書、定禮樂之上，或許他希望將來有一天，會有個人能把自己講的東西發揚光大。好比五百年後的孟子，就以為自己是那個發揚光大的人。

孔子的隨堂測驗

孔子知弟子有慍心，乃召子路而問曰：「《詩》云『匪兕匪虎，率彼曠野』。吾道非邪？吾何為於此？」子路曰：「意者吾未仁邪？人之不我信也。意者吾未知邪？人之不我行也。」孔子曰：「有是乎！由，譬使仁者而必信，安有伯夷、叔齊？使知者而必行，安有王子比干？」子路出，子貢入見。孔子曰：「賜，《詩》云『匪兕匪虎，率彼曠野』。吾道非邪？吾何為於此？」子貢曰：「夫子之道至大也，故天下莫能容夫子。夫子蓋少貶焉？」孔子曰：「賜，良農能稼而不能為穡，良工能巧而不能為順。君子能脩其道，綱而紀之，統而理之，而不能為容。今爾不脩爾道而求為容。賜，而志不遠矣！」子貢出，顏淵入見。孔子曰：「回，《詩》云『匪兕匪虎，率彼曠野』。吾道非邪？吾何為於此？」顏淵曰：「夫子之道至大，故天下莫能容。雖然，夫子推而行之，不容何病，不容然後見君子！夫道之不修也，是吾醜也。夫道既已大修而不用，是有國者之醜也。不容何病，不容然後見君子！」孔子欣然而笑曰：「有是哉顏氏之子！使爾多財，吾為爾宰。」（《史記．孔子世家》）

這一段也是孔子對弟子們的測試。孔子知道弟子們有些埋怨，子路進來，孔子便問：「《詩經》裡面講我們不是野牛、又不是老虎，怎麼我們會淪落在曠野遊蕩呢？我的道是不是錯了？不然怎麼會淪落到今天這個地步呢？」其實這段話在《論語》裡是子路問的，但在《史記》裡卻是孔子發問，希望別人回答。

子路說：「是不是老師你平常教我們的，我們其實沒做到，所以別人看我們根本就不是仁，不信我們。是不是我們的智慧不夠？所以人家才不會照著我們的想法去做，是我們想得不夠周全、沒有替別人想好。」孔子說：「有這回事嗎？」然後把子路罵了一頓，說什麼仁者而必信，安有伯夷、叔齊？仁是自己要做到的，別人信不信那有什麼辦法呢？然後就舉了一堆古人的例子。

子路一聽，原來老師是要考驗自己，哪是要聽他的意見，根本是要來教訓他的，於是摸摸鼻子自討沒趣地出去了。

接著子貢入見，孔子拿同樣的問題來問他，子貢回答：「老師呀！你教的東西實在太偉大了，大到別人沒辦法想像的地步，所以小廟裡面容不了你這個大神。可是老師你要不要就配合人家一下？」孔子說：「好的農夫會耕種卻不一定有收穫，好的工匠也未必盡如人意。我們怎麼能就為了滿足人家，就裝出一副那種什麼都好的樣子，說您怎麼說我怎麼做，君子能這樣嗎？」於是子貢也摸摸鼻子出去了。

最後是顏淵進來，孔子還是問他同一個問題。顏淵說了「夫子之道至大，故天下莫能容」，這句話是抄前面子貢說的。「雖然夫子知道不能容，但是你還是努力去推行，這一點跟很多人不一樣。天下人不能容你，難道也是個缺點嗎？不容才見君子！」

孔子聽到這句話，我想他一定感動得痛哭流涕！不容，才能顯現出老師平常教的都是君子之道！如果我們平常不修道，是要自己檢討，怎麼會是要配合人家呢？而人家不用我們，也不是我們的想法有問題，不用我們是他們的問題。顏淵把事情分得很清楚、有層次，也明白老師的心思；很多人知其不可就算了，孔子是知其不可而為，就是mission impossible不可能的任務，這跟其他人是有分別的。我覺得這段話是所有孔門的對話裡相當精采的一段。

女性

在與孔子相關的記載中，女性是非常模糊、空虛的形象，幾乎找不到什麼孔子與女性的來往、交際之事。而跟孔子最有關係的女性也就是兩位孔媽媽，一位是孔子的媽媽顏徵在，一位是孔子的妻子。

據說孔子是在十九歲的時候結婚。孔子的母親是在他大約十七歲的時候過世，當時得要守喪三年，但當時的三年是二十五個月而非三十六個月，所以差不多守完喪之後就結婚了。

那麼孔子的太太叫什麼？有三個說法：弁官氏或并官氏或亓官氏，第一個字是不知道傳抄錯誤還是怎麼樣，難以確定；也有人說那好像是官名，似乎也不是她的姓，所以關於孔太太的名字仍有不確定的地方。

至於孔子跟太太的關係呢？實在也很難從留下來的文字中找出蛛絲馬跡。有句話說：「每個男人背後都有一個偉大的女人」，這在孔子身上也適用，孔太太真的是在背後，面目模糊。我以前是教「愛情社會學」的，我覺得中華文化既然認為家庭關係很重要，那麼夫妻、伴侶關係也該弄好啊，但儒家就是少了關於情感的教育。現在的我們在儒家或孔子的內容上應該要補上這一塊，有了比較好的情感關係，自然比較容易建立一個好的家庭。

千古謎團：孔子討厭女人？

子曰：「唯女子與小人為難養也！近之則不說，遠之則怨。」（《論語．陽貨》）

千古以來都覺得孔子看不起女人，但在春秋時代誰看得起女人？如果在那個時代孔子還看得起女人，那他真的也太奇葩了。所以這一段話不是看不起或看得起女人的問題。

我覺得這裡有兩個應該注意的地方，第一個就是不要只看前半句，要連同後半句一起看。他說：「唯女子與小人為難養也！」好，這兩種人很難伺候，為什麼？因為「近之則不遜，遠之則怨」，太靠近她，她會不爽；但不理她，她更不爽。

這該怎麼辦？看情況嘛，情況好就靠近她，情況不好就遠離她。她心情不好的時候你不要惹她，心情好的時候，你就買禮物湊上去，這就是宜、時！你要看什麼時候是恰當的時機，人家明明心情不好，你還硬要人家去煮飯給你吃：「欸，今天晚上不煮飯啊？」「我心情不好。」「心情不好就出去吃嘛！」你如果這樣講，問題不就解決了嗎？

但要是你說：「心情不好，飯還是得煮啊！」這不是找罵挨嗎？完全不體諒人家嘛，不是嗎？所以很多事在於你不要去硬碰硬，要替對方想。近之則不遜，遠之則怨，其實就是告訴你要讀熟中庸之道，採取一個動態平衡，懂嗎？

只是大家都不這樣想，看到「唯女子與小人為難養也」，就覺得孔子看不起小人和女人。

聖人也過不了美人關？

「子見南子，子路不說。夫子矢之曰：『予所否者，天厭之！天厭之！』」

（《論語．雍也》）

「去即過蒲。月餘，反乎衛，主蘧伯玉家。靈公夫人有南子者，使人謂孔子曰：『四方之君子不辱欲與寡君為兄弟者，必見寡小君。寡小君願見。』孔子辭謝，不得已而見之。夫人在絺帷中。孔子入門，北面稽首。夫人自帷中再拜，環珮玉聲璆然。孔子曰：『吾鄉為弗見，見之禮答焉。』子路不說。孔子矢之曰：『予所不者，天厭之！天厭之！』居衛月餘，靈公與夫人同車，宦者雍渠參乘，出，使孔子為次乘，招搖市過之。孔子曰：『吾未見好德如好色者也。』於是醜之，去衛，過曹。是歲，魯定公卒。」（《史記．孔子世家》）

《論語》裡唯一出現過的女性是南子，同時《史記．孔子世家》也描寫了孔子去見南子的場面。南子是衛國靈公的寵姬，是當代的美人但愛出風頭、名聲不好；而孔子去拜見南子，讓子路非常不爽。不是說孔子好女色、主動去見南子，是因為南子的勢力非常大，她說，什麼人來我們國家，要見我們這個邦君的話，都要先經過我，於是孔子不得不依此去見南子。

見了南子之後，子路不爽，「夫子矢之曰」，這裡的「矢」有的解釋是直，像劍一樣的直，一種說發誓的誓，而傳統的解釋是孔子就跟學生發誓，要是做了平常說過不該做的事情，他就去死。

有人也懷疑，老師怎麼會跟學生發誓呢？這不合禮法吧？因此也有一種解釋是孔子糾正子路，說這是什麼想法？我平常說過不做的事情，你認為我會做嗎？我是那種人嗎？你一天到晚跟在我身邊，不知道我什麼人嗎？我覺得，後一種的解釋似乎比較有道理。

在《史記》裡，這一段記錄得比較詳細也鮮活，說孔子進到那個帳棚裡、見到南子以後呢，南子身上配戴的玉器發出了聲響。子路一想，你們在裡面幹了什麼苟且的事情嗎？不然為什麼會有玉器碰撞的聲音？子路大概覺得裡面一定發生了什麼苟且事情——當然在古代碰碰小手可能就是苟且之事了。

總而言之，這是司馬遷寫下的文字，到底事實是不是這樣？我們都不在現場，沒人知道，如果穿越的時候你能穿到現場，記得拍個照片回來啊！

子曰。

「回也，
其心三月不違仁。
其餘，
則日月至焉而已。」

伍 5

孔門——那些弟子們的事

孔子到底教了多少學生？

——孔門師生與子弟

孔子的思想要發揚光大，當然不只是靠他一個人講了什麼，也得靠弟子們去發揚才行。所以在《論語》〈子張篇〉才會沒有一句孔子講的話，都是弟子講的話。為什麼會把弟子講的話擺在《論語》裡？這就是《論語》的特性，不只是孔子講了什麼，還有弟子繼承了什麼，也是非常重要的。無論是社會學或哲學或怎樣的思想，有學生願意替你發揚光大，才能傳之久遠，即使在現代也是一樣。如果弟子沒有繼承、宣揚，就要等待後面的人讀到你的書、喜歡你講的內容才有機會傳播。

但孔子到底教了多少學生？雖然一般號稱孔門弟子有三千人，但其實那只是號稱，因為中國人很喜歡「三」這個字，三代表多，也就是代表孔子弟子很多。然而，誰可以算是孔子的弟子？跟孔子講過一次話的人、交了束脩的人算嗎？或像孟子說自己是私淑孔子啊，他是私淑弟子，也就是現在的鐵桿粉絲，算不算呢？

孔門明星：四科十哲

如今對於孔子的弟子有哪些人，有個普遍的計算方式，是依《史記．仲尼弟子列傳》或《孔子家語．七十二弟子解》有沒有列入來評斷。不過就算有這兩本書當根據，要計算孔子到底有多少弟子還是很難論斷，因為像《史記．孔子世家》說：「孔子以詩書禮樂教，弟子蓋三千焉，身通六藝者七十有二人。如顏濁鄒之徒，頗受業者甚眾。」雖然前面說有七十二個人，但後面卻列了七十六個人，怎麼一回事？是算術不好嗎？

而《史記．仲尼弟子列傳》卻是：「『受業身通者七十有七人』，皆異能之士也。」「自子石已右三十五人，顯有年名及受業聞見于書傳。其四十有二人，無年及不見書傳者紀于左。」所以這裡是七十又七人，但我把名單拿來算了半天好像也是七十六人，怎麼會是七十七？難道司馬遷手指頭跟我的不一樣嗎？

不過，雖然一個說七十二、實際列出七十六，一個說七十七、實際也只列出七十六，看起來都是七十六人，但兩本書列出來的七十六人名單又有差別。即使共同名單是挺多的，但仍有少數的不同，也不知道為什麼會有這種情況。只是這兩個名單似乎從來沒有人好好地比較過，我乾脆做了一個表格（左頁表一、表二），把兩本書的差異用比較清楚的方式來呈現，最後算出八十九個名字。

表1 《史記·仲尼弟子列傳》和《孔子家語·七十二弟子解》名單

《史記》中的順序編號	姓名（以《史記》為主，括號中為《孔子家語》的用詞或常用名稱）	《孔子家語》中的順序編號
001	顏淵（顏淵）	001
002	閔損（閔子騫）	002
003	冉耕（冉伯牛）	003
004	冉雍（仲弓）	004
005	冉求	007
006	仲由（子路）	008
007	宰予（宰我）	005
008	端木賜（子貢）	006
009	言偃（子游）	009
010	卜商（子夏）	010
011	顓孫師（子張）	011
012	曾參（曾子）	012
013	澹臺滅明	013
014	宓不齊（子賤）	015
015	原憲（原思）	019
016	公冶	020
017	南宮括（南宮韜）	021
018	公皙哀	022
019	曾蒧（曾皙；曾點）	023

《史記》中的順序編號	姓名（以《史記》為主，括號中為《孔子家語》的用詞或常用名稱）	《孔子家語》中的順序編號
020	顏無繇	
021	商瞿	025
022	高柴	014
023	漆雕開	026
024	公伯繚	
025	司馬耕（司馬黎耕；司馬牛）	030
026	樊須（樊遲）	016
027	有若（有子）	017
028	公西赤	018
029	巫馬施（巫馬期）	031
030	梁鱣	032
031	顏幸（顏辛）	035
032	冉孺	034
033	曹恤	038
034	伯虔	036
035	公孫龍（公孫寵）	037
036	冉季	049
037	公祖句茲（公祖茲）	043
038	秦祖	041
039	漆雕哆（漆雕侈）	074

《史記》中的順序編號	姓名（以《史記》為主，括號中為《孔子家語》的用詞或常用名稱）	《孔子家語》中的順序編號
040	顏高	
041	漆雕徒父	
042	壤駟赤（穰駟赤）	048
043	商澤	055
044	石作蜀（石子蜀）	067
045	任不齊	056
046	公良孺	027
047	后處（石處）	051
048	秦冉	
049	公夏首（公夏守）	064
050	奚容	
051	公肩定（公肩）	060
052	顏祖（顏相）	076
053	鄡單	
054	罕父黑（宰父黑）	046
055	秦商	028
056	申黨（申績）	070
057	顏之仆（顏之僕）	072
058	榮旂（榮祈）	057
059	縣成（懸成）	075

《史記》中的順序編號	姓名（以《史記》為主，括號中為《孔子家語》的用詞或常用名稱）	《孔子家語》中的順序編號
060	左人郢（左郢）	053
061	燕伋（燕級）	063
062	鄭國	
063	秦非	061
064	施之常	069
065	顏噲	058
066	步叔乘	066
067	原亢籍	
068	樂欬（樂欣）	071
069	廉絜（廉潔）	044
070	叔仲會	040
071	顏何	
072	狄黑	054
073	邦巽（邦選）	068
074	孔忠	
075	公西輿如（公西與）	045
076	公西葴	
	顏由（顏淵父）	024
	顏刻	029
	琴牢	033

《史記》中的順序編號	姓名（以《史記》為主，括號中為《孔子家語》的用詞或常用名稱）	《孔子家語》中的順序編號
	奚蒧	042
	公西減	047
	冉季	049
	薛邦	050
	石處	051
	懸亶	052
	原桃	059
	漆雕從	062
	勾井疆	065
	孔弗	073

本表由孫中興根據《史記．仲尼弟子列傳》和《孔子家語．七十二弟子解》製作

表2 孔子二十八弟子在《論語》中出現的排行及次數統計

次數排行	四科十哲	姓名	字	論語出現次數
1	政事	仲由（季路）	子路	40
2	言語	端木賜	子貢	36
3	文學	卜商	子夏	20
3	德行	顏淵	顏淵	20
4		顓孫師	子張	18
5		曾參	曾子	15
5	政事	冉求	冉有	15
6	文學	言偃	子游	8
7		樊須	樊遲	6
7	德行	冉雍	仲弓	6
8	言語	宰予	宰我	5
8		公西赤	華	5
8	德行	閔損	子騫	5
9		有若	有子	4
9		南宮括	南容	3
10		原憲	子思	2

次數排行	四科十哲	姓名	字	論語出現次數
10	德行	冉耕	伯牛	2
10		高柴	子羔	2
11		林放		1
11		公冶長		1
11		宓不齊	子賤	1
11		漆雕開	子開	1
11		澹臺滅明	子羽	1
11		巫馬施	子旗	1
11		琴開（張）	琴牢	1
11		顏無繇	顏路	1
11		曾皙	曾點	1
11		司馬牛		1

本表由孫中興根據《論語》製作

孔子弟子之中最有名的當然是所謂的「四科十哲」。十哲到了清朝變成十二哲，而且中間還有經過十一哲的演變，關於這個演變，之後會另做說明。至於四科，就是德行、政事、言語跟文學——這個文學跟現在講的文學不一樣，不是指小說、散文之類的意義，而是指六藝典籍，指學問或學術。

四科裡面共有十位代表人物，就是十哲，包括：

德行：顏淵、閔子騫、冉伯牛、仲弓

政事：冉有、子路

言語：宰我、子貢

文學：子游、子夏

而在這一章，我們要聊聊在孔門這些弟子當中，幾個個性比較鮮明的人物。

被收服的勇夫：子路

第一個要介紹的人是子路（仲由），他也是在《論語》當中被提到最多次數的弟子。子路小了孔子九歲，性格就是個勇夫，看起來跟很多中國歷史人物相當接近，可以把他想成張飛或項羽，靠著勇來行事、身材非常好、力氣很大的人。因此一開始子路不相信道德的力量，只相信勇武之力，最後是孔子說服他有道德會更有力量，有點像唐三藏收服孫悟空。

子路性鄙，好勇力，志伉直，冠雄雞，配豭豚，陵暴孔子。孔子設禮稍誘子路，子路後儒服委質，因門人請為弟子。（《史記．仲尼弟子列傳》）

《史記》說子路這個人很直，見不得不好的事情，也會把雞毛拿來插在自己頭上，表示自己英勇；「配豭豚」是說他會當時配戴當時流行的東西，還說他曾經陵暴孔子，看不起這種孬貨，質疑孔子舉得起大石頭嗎？當然最後很多故事都會告訴你，真正的智者不靠武力，更重要的是智力；現代人常常強調的也是道德的勇氣，不是身體的勇氣。

孔門裡面最勇的就是子路，所以孔子曾說過，自從子路到我門下以後，就再沒聽過人家批評我——誰還敢批評你？有這樣的保鑣站在旁邊，誰批評試試看！很像現在韓星或哪一國明星來了，都會請那個保鏢擋在前面。不過子路也治理過蒲這地方，還當過家宰（大夫家中的宰相），也不完全只是一介勇夫而已啦。

可是子路最後是怎麼死的？我覺得這是比較尷尬的問題，這個故事在前面也講過，就是子路後來跟別人打仗的時候，因為綁帽子的帶子被砍斷、帽子歪了，他想說做個君子怎麼能衣冠不整，就要把帽子綁好，結果對方趁亂把他殺了，還把他剁成了肉醬。後來消息傳到孔子耳中，孔子就叫人把家裡的醬物給丟了。

子路死後，孔子說：「噫，天祝予。」意思說天要斷絕他。

只靠一張嘴救國：子貢

《論語》裡出現最多的是子路，其次就是子貢。子貢又叫端木賜，衛國人，所以後來也在衛國當宰相。《史記》說：「子貢利口巧辭，孔子常黜其辯。」說他很會說話，但孔子也常吐嘈他不要只靠一張嘴。

子貢的一張嘴到底有多厲害？在《史記．仲尼弟子列傳》有段記載：

「陳子禽問子貢曰：『仲尼焉學？』子貢曰：『文武之道未墜於地，在人，賢者識其大者，不賢者識其小者，莫不有文武之道。夫子焉不學，而亦何常師之有！』又問曰：『孔子適是國必聞其政，求之與？亦與之與？』子貢曰：『夫子溫良恭儉讓以得之。夫子之求之也，其諸異乎人之求之也。』」

陳子禽問子貢，孔子的學問都是跟誰學的？子貢說文武之道有精緻、有庶民文化……什麼都有，這一段回答跟孔子其實沒有關係，有關係的是子貢下面說的：「夫子焉不學，而亦何常師之有！」老師對精緻文化也學，學琴、學禮，庶民文化也學，什麼都學。

接著陳子禽又問：「孔子適是國必聞其政，是求來的？還是人家給的？」子貢說：「我們老師溫良恭儉讓以得之。夫子之求之也，其諸異乎人之求之也。」這句話真的是巧言，因為孔子其實就是求的，只是沒求到；可子貢就是想要證明老師的求跟別人的求不一樣，所以說孔子是溫良恭儉讓以得之。

以下則是一個很少人知道子貢做過的偉大事情，出自《史記·仲尼弟子列傳》，故事有點長卻非常精彩，值得詳細講一下。

「田常欲作亂於齊，憚高、國、鮑、晏，故移其兵欲以伐魯。孔子聞之，謂門弟子曰：『夫魯，墳墓所處，父母之國，國危如此，二三子何為莫出？』子路請出，孔子止之。子張、子石請行，孔子弗許。子貢請行，孔子許之。遂行，至齊，說田常曰：『君之伐魯過矣。夫魯，難伐之國，其城薄以卑，其地狹以泄，其君愚而不仁，大臣偽而無用，其士民又惡甲兵之事，此不可與戰。君不如伐吳。夫吳，城高以厚，地廣以深，甲堅以新，士選以飽，重器精兵盡在其中，又使明大夫守之，此易伐也。』田常忿然作色曰：『子之所難，人之所易；子之所易，人之所難：而以教常，何也？』子貢曰：『臣聞之，憂在內者攻彊，憂在外者攻弱。今君憂在內。吾聞君三封而三不成者，大臣有不聽者也。今君破魯以廣齊，戰勝以驕主，破國以尊臣，而君之功不與焉，則交日疏於主。是君上驕主心，下恣群臣，求以成大事，難矣。夫上驕則恣，臣驕則爭，是君上與主有卻，下與大臣交爭也。如此，則君之立於齊危矣。故曰不如伐吳。伐吳不勝，民人外死，大臣內空，是君上無彊臣之敵，下吾民人之過，孤主制齊者唯君也。』田常曰：『善。雖然，吾兵業已加魯矣，去而之吳，大臣疑我，奈何？』子貢曰：『君按兵無伐，臣請往使吳王，令之救魯而伐齊，君因以兵迎之。』田常許之，使子貢南見吳王。說曰：『臣聞之，王者不絕世，霸者無彊敵，千鈞之重加銖兩而移。今以萬乘之齊而私千乘之魯，與吳爭彊，竊為王危之。且夫救魯，顯名也；伐齊，大利也。以撫泗上諸侯，誅暴齊以服彊晉，利莫大焉。名存亡魯，實困彊齊，智者不疑也。』吳王曰：『善。雖然，吾嘗與越戰，棲之會稽。越王苦身養士，有報我心。子待我伐越而聽子。』子貢曰：『越之勁不過魯，吳之彊不過齊，王置齊而伐越，則齊已平魯矣。且王方以存亡繼絕為名，夫伐小越而畏彊齊，非勇也。夫勇者不避難，仁者不窮約，智者不失時。王者不絕世，以立其義。今存越示諸侯以仁，救魯伐齊，威加晉國，諸侯必相率而朝吳，霸業成矣。且王必惡越，臣請東見越王，令出兵以從，此時空越，名從諸侯以伐也。』吳王大說，乃使子貢之越。越王除道郊迎，身御至舍而問曰：『此蠻夷之國，大夫何以儼然辱而臨之？』子貢曰：『今者吾說吳王以救魯伐齊，其志欲之而畏越，曰「待我伐越乃可」。如此，破越必矣。且夫無報人之志而令人疑之，拙也；有報人之志，使人知之，殆也；事未發而先聞，危也。三者舉事之大患。』句踐頓首再拜曰：『孤嘗不料力，乃與吳戰，困於會稽，痛入於骨髓，日夜焦脣乾舌，徒欲與吳王接踵而死，孤之願也。』遂問子貢。子貢曰：『吳王為人猛暴，群臣不堪；國家辟以數戰，士卒弗忍；百姓怨上，大臣內變；子胥以諫死，太宰嚭用事，順君之過以安其私；是殘國之治也。今王誠發士卒佐之以徼其志，重寶以說其心，卑辭以尊其禮，其伐齊必也。彼戰不勝，王之福矣！戰勝，必以兵臨晉，臣請北見晉君，令共攻之，弱吳必矣。其銳兵盡於齊，重甲困於晉，而王制其敝，此滅吳必矣。』越王大說，許諾。送子貢金百鎰，劍一，良矛二。子貢不受，遂行。報吳王曰：『臣敬以大王之言告越王，越王大恐，曰：「孤不幸，少失先人，內不自量，抵罪於吳，軍敗身辱，棲于會稽，國為虛莽，賴大王之賜，使得奉俎豆而修祭祀，死不敢忘，何謀之敢慮！」』後五日，越使大夫種頓首言於吳王曰：『東海役臣孤句踐使者臣種，敢修下吏問於左右。今竊聞大王將興大義，誅彊救弱，困暴齊而撫周室，請悉起境內士卒三千人，孤請自被堅執銳，以先受矢石。因越賤臣種奉先人藏器，甲二十領，鈇屈盧之矛，步光之劍，以賀軍吏。』吳王大說，以告子貢曰：『越王欲身從寡人伐齊，可乎？』子貢曰：『不可。夫空人之國，悉人之眾，又從其君，不義。君受其幣，許其師，而辭其君。』吳王許諾，乃謝越王。於是吳王乃遂發九郡兵伐齊。子貢因去之晉，謂晉君曰：『臣聞之，慮不先定不可以應卒，兵不先辨不可以勝敵。今夫齊與吳將戰，彼戰而不勝，越亂之必矣；與齊戰而勝，必以其兵臨晉。』晉君大恐，曰：『為之奈何？』子貢曰：『修兵休卒以待之。』晉君許諾。子貢去而之魯。吳王果與齊人戰於艾陵，大破齊師，獲七將軍之兵而不歸，果以兵臨晉，與晉人相遇黃池之上。吳晉爭彊。晉人擊之，大敗吳師。越王聞之，涉江襲吳，去城七里而軍。吳王聞之，去晉而歸，與越戰於五湖。三戰不勝，城門不守，越遂圍王宮，殺夫差而戮其相。破吳三年，東向而霸。故子貢一出，存魯，亂齊，破吳，彊晉而霸越。子貢一使，使勢相破，十年之中，五國各有變。」

齊國的田常想作亂於齊，可沒那個身分地位，又忌憚高、國、鮑、晏這四大家族，於是想轉移焦點去伐魯國，要是能把魯國打下來，那他的軍功就不得了，四大家族也無法威脅他了。孔子聽到這個消息，就跟弟子說：「田常要打魯國，魯是我的國家，國家已經為難了，誰可以出來救救魯國？」

一開始，子路說：「我來！」但被孔子制止，後來子張、子石也沒有得到孔子的允許，直到子貢舉手，孔子才同意由他出面。於是，子貢先到了要攻打魯國的齊國，跟田常說：「你幹嘛去打魯國呢？那國家的城牆薄得跟紙糊的一樣，地方又小，國君又昏庸，大臣沒一個好東西，士兵又不喜歡打仗，打這種國家幹什麼？」把魯國講得很爛，好像完全沒有討伐的價值。

然後還跟田常說：「像你這麼有能力，不如去打南邊的吳國。」其實這是轉移焦點。接著又說吳國有多厲害多厲害，又說它很好打。田常聽完，生氣地說：「你講什麼話？騙我啊你？你到底懂不懂什麼叫難，什麼叫易？」

而說客就是這樣，用超乎常理的東西讓你生氣，然後再來說服你。

子貢回答：「臣聽說，一個國家如果有內憂就要向外打仗，如果有外憂就要攻弱。今天你擔心的是內憂，目的就是伐魯國獲軍功，戰勝以驕主。但你這樣做是沒有用的。你以為打了魯國，自己的聲望會上升？拜託，不會的，那太容易了，討厭你的人只會更多，到時候你搞不定的……」這真是了解田常，也打到田常的心，於是他問子貢：「你說得好，但我的兵已經都派往魯國了，如果又拉回來，其他大臣會懷疑我怎麼辦？」

子貢說：「你就先按兵不動，我來替你想個辦法。這樣好了，我先去吳國，勸吳國來救魯國打齊國，這樣你就可以打吳國了。」於是田常便接受子貢的提議。

後來子貢去了吳國，也跟吳王說：「如果齊國打了魯國，得到魯國的一切，對你吳國也不好。最好的方式就是你去救魯國，同時伐齊，這對你有太大的好處！看起來是要救魯國，其實是要擴大你的影響；你把齊國打下來，以後諸國都會佩服你啊，覺得你就是霸主！而且這時候你去救魯國，還會得到天下人的讚揚。」

那吳王一聽，一箭雙鵰啊！就很高興地對子貢說：「你講得不錯，不過我也有一個憂患。就是我曾經打敗越王，而他現在正在苦身養士伺機報復，你只要幫我搞定他，讓我無後顧之憂，我就聽你的。」

於是子貢接著真的去了越國，但他跟越王說：「你不是要報仇嗎？現在我說服吳國去伐齊，只要他去伐齊，你就可以報仇了。但是你要在吳國伐齊之前表現得很溫順，讓吳王覺得你不會對他不利，這樣他才會大膽伐齊，然後你就可以趁著吳國國力空虛的時候，一併把它拿下來。」

最後，子貢還轉往北方的晉，跟晉王分析了吳、齊大戰，要晉國提早做準備……總之就是把越國跟晉國都打點好。後來，吳國真的在大戰中打敗齊國，接著晉國因擔心吳的勢力坐大，就去打吳國；越國也趁著吳國空虛的時候去進攻吳。結果齊國完了、吳國完了、晉國強大了、越國報仇了，原本擔心的魯國早就沒人關注，反而得以保存下來。

子貢憑著一個人一張嘴就把各國情勢搞成這樣，這真是孔門言語科厲害的地方。他不只是一個生意人，只會做做生意而已，靠著一張嘴能把一個國家給保住；而且他完全知道對方憂慮的地方，然後把別人擔心的事轉成對自己有利的事。以前的我不太重視子貢，直到讀到這一段，真覺得他太厲害，佩服得五體投地！

不過這場混戰說是好事，也只是對魯國而言，對天下絕對不是好事，尤其若是依孔子的想法，只要打仗都不是好事。子貢雖然保存了魯，但是他亂了齊，也把吳國給毀了，影響的也不只是君王，而是包含整個國家的人民。

孔門模範生：顏淵

現在來說說被視為是孔門第一的顏淵。大部分人都認為顏淵是一個瘦子，其實要把顏淵想像成一個胖子也是有點不可理解，畢竟他一簞食一瓢飲嘛！所以你會想像他看起來就是一副有氣無力的樣子。還有，他也很像是道家派來臥底的，好比孔子提到的「修己治人」，顏淵大概只有想要「修己」而已。

孔子曾說自從顏淵來到門下之後，學生之間也變得親近了，所以顏淵不是個死讀書的知識份子、那種班上第一名然後跟大家都不好，被大家怨恨，椅子上被黏口香糖又黏到屁股的人，他不是，他真的是一個能夠實踐孔子想法的人。

在《論語．為政》中，孔子就說：「吾與回言終日，不違，如愚。退而省其私，亦足以發，回也不愚。」說他跟顏淵講了一天的話，但顏淵只是默默聽著，三棍子都打不出一個屁，看起來不太聰明的樣子。後來孔子到一旁默默觀察，發現顏淵會把自己講的話實踐出來，也沒有表面上看起來的笨。這就叫大智若愚，也是中華文化強調的，不要把聰明顯現出來、鋒芒畢露。

哀公問：「弟子孰為好學？」孔子對曰：「有顏淵者好學，不遷怒，不貳過。不幸短命死矣！今也則亡，未聞好學者也。」（《論語・雍也》）

哀公曾經問孔子，弟子裡面誰最為好學？孔子以顏淵為例，說顏淵不遷怒、不貳過。這裡不是說顏淵不會犯錯，而是他不會犯第二次的錯。但也有人想得很邪惡，其實他只要第二次犯錯時不要被抓到就好，因為犯錯的重點在於有沒有被抓到，沒被抓到就沒有犯錯的問題，是吧？這當然是一種詭辯啦！

不遷怒也並非說他不會生氣，顏淵當然會生氣，只是生氣的時候不會亂發脾氣，遷怒到別人身上。

子曰：「回也，其心三月不違仁。其餘，則日月至焉而已。」（《論語・雍也》）

顏淵在孔子的學生裡面是很特殊的，孔子說他「其心三月不違仁」，三月不是指剛好三月啦，而是說在大部分的情況之下，他不會違背仁的原則。「其餘，則日月至焉而已。」孔門裡面其餘的人，大概只能做到一個月而已，其他時間就忘了仁。看得出來要在孔子的身邊當學生也不太容易。

但我們不要想著孔子的學生都做不到，自己當然也做不到；我們當然可以做得到啊！我的邏輯常常跟別人不一樣，別人說那是聖賢，我們怎麼做得到？我想，如果你從西方聖賢的角度來看，西方人很喜歡強調聖賢的超能力，比如耶穌可以用五餅二魚餵飽大家、行在水上，以擁有超能力來凸顯聖賢跟一般人不一樣的地方，那當然是做不到。但孔子沒有任何超能力，也不是救世主，他做的是人都能做到的事，都在生活裡。

在《孟子》裡，有一句話是：「舜何？人也？予何？人也？有為者亦若是。」很多事是大家都做得到的，只是大家不願意去想，不願意去做；把它想得很難很難，就不用去做了。

任重而道遠：曾子

在《論語》裡面，曾子幾乎跟孔子沒有什麼問答對話，但曾子的弟子是編《論語》的人，他們的對話沒擺多少進去，其實也是有點奇怪。雖然《論語》裡並不是沒有曾子的話，不過他說話的時候大半都是自己說自己的，沒跟孔子有太多互動。

傳說曾子教了子思（孔子的孫子），有人就信誓旦旦地說，孔子把子思託給曾子，然後子思弟子那一派又教到了孟子，於是這一派就叫思孟學派，也展開孔門裡的心性之學。不過要追溯源頭是從曾子而來的，為什麼不叫曾思孟學派呢？

之前我們講到孔家三代出妻的事，然而孔子的弟子也有出妻的，就是曾子。《孔子家語》裡提到：「參後母遇之無恩，而供養不衰，及其妻以藜烝不熟，因出之。」說曾太太因為飯沒煮熟，所以被休了。可見曾子腦袋也不是太好，不在七出之列的理由他也要休妻？飯煮不熟就請個人嘛，或者再練一練就可以了啊！

子曰：「參乎！吾道一以貫之。」曾子曰：「唯。」子出。門人問曰：「何謂也？」曾子曰：「夫子之道，忠恕而已矣。」（《論語．里仁》）

這一段是《論語》裡，孔子與曾子少數有說到話的時候，但曾子也只說了「唯」，就是「是的」而已——我想這可能是法文 oui（是的）的開始。「子出，門人問曰：『何謂也？』曾子曰：『夫子之道，忠恕而已矣。』」於是有人把曾子的話當成是對孔子「一以貫之」的正解，認為孔子之道就是忠恕；但也有人說不是的，只是曾子個人的理解，因此有了不同的說法。

曾子曰：「士，不可以不弘毅，任重而道遠。仁以為己任，不亦重乎？死而後已，不亦遠乎？」（《論語．泰伯》）

很多人以為「任重而道遠」是孔子說的，其實不是，是曾子說的。但曾子這一句任重道遠，後來讓儒家變得很沉重，畢竟《論語》一開始講的是說樂君子，說

「學而時習之，不亦說乎；有朋自遠方來，不亦樂乎；人不知而不慍，不亦君子乎」。這過程其實是要展現出內心和外在的高興，還要跟朋友分享你的喜悅，可是到了曾子以後呢，就變成任重道遠，所以每個人的眉頭是這樣皺著的。

我覺得用這樣的方式來解讀太沉重了。我們能不能有個活活潑潑、快快樂樂的詮釋，一樣可以解決自己眼前的問題，而不必那樣「任重而道遠」，感到一種老牛在拖車般的壓力。

「曾子寢疾，病。樂正子春坐於床下，曾元、曾申坐於足，童子隅坐而執燭。童子曰：「華而睆，大夫之簀與？」子春曰：「止！」曾子聞之，瞿然曰：「呼！」曰：「華而睆，大夫之簀與？」曾子曰：「然，斯季孫之賜也，我未之能易也。元，起易簀。」曾元曰：「夫子之病革矣，不可以變，幸而至於旦，請敬易之。」曾子曰：「爾之愛我也不如彼。君子之愛人也以德，細人之愛人也以姑息。吾何求哉？吾得正而斃焉斯已矣。」舉扶而易之。反席未安而沒。」（《禮記．檀弓上》）

曾子臨終時的故事很能呈現他的個性，也呼應了前一段的形象。

他病得臨終之時，有個叫樂正子春的人來了，這傢伙真是不通情，看到曾子躺在大夫才能用的蓆子上，就說：「你怎麼可以睡在這個大夫的蓆子上？你身分不對啊！」曾子拖著那快死的身軀說：「唉呀，你講得對，這是上司季孫氏送我的，我沒力氣換，可我真不應該死在這蓆子上……來人啊，把這蓆子給換了……」但還沒換完，曾子就走了。在這樣的情況下，要臨終了，曾子依然戰戰兢兢、如臨深淵，深怕不符合師門的規矩，直到最後一刻，難怪讓別人覺得這儒家也太嚴格了吧！

長得像也是錯：有子

「孔子既沒，弟子思慕，有若狀似孔子，弟子相與共立為師，師之如夫子時也。」（《史記．仲尼弟子列傳》）

有子（有若）最有趣的地方在於據說長得很像孔子。

根據古代的規矩，人死後要找一個人當成是亡者，通常會是他的孫子坐在那，叫做「尸」，目的是要藉由「尸」讓大家憶起亡者的生前。

那孔子死後呢，因為弟子非常非常懷念孔子，就在眾人中選了一個長得很像老師的人，這個人就是有子，然後還要有子上台講課——我想這就是最早的 virtual reality。弟子們希望能感覺孔老師還在，還能跟老師學習的樣子。這件事只有一個人反對，就是曾子，他說不行啊，不是真的就不是真的。

但孔門裡面也有時候是不講道理的。最終有子還是被拱上台，只是他上去以後就行禮如儀地坐在上面，人家問他問題，他也回答不出來，結果一群人就又把他轟下台。這件事是孔子過世後孔門弟子的一場鬧劇，也是很特殊的一段故事。

不可以貌取人：澹臺滅明

子游為武城宰。子曰：「女得人焉爾乎？」曰：「有澹臺滅明者，行不由徑，非公事，未嘗至於偃之室也。」（《論語・雍也》）

「狀貌甚惡。欲事孔子，孔子以為材薄。既已受業，退而修行，行不由徑，非公事不見卿大夫。」（《史記．仲尼弟子列傳》）

「南游至江，從弟子三百人，設取予去就，名施乎諸侯。孔子聞之，曰：『吾以言取人，失之宰予；以貌取人，失之子羽。』」（《史記．仲尼弟子列傳》）

這三段故事都是在講澹臺滅明。這個澹臺滅明是武城人，當子游到武城的時候，孔子就問子游：「你在武城有沒有碰到什麼不錯的人啊？」子游說，有啊！有個叫澹臺滅明的人，「行不由徑」，是說沒有公事都不會來找，表示他是一個正直的人。不過，《論語》裡沒講澹台滅明長得怎樣，但在《史記．仲尼弟子列傳》說他「狀貌甚惡」，醜到不行啊！還說澹臺滅明想要拜孔子為師，可是孔子認為這個人不太有才華。我覺得這段話絕對是假的，孔子不是有教無類嗎？要不然就是孔子在澹台滅明以後才開始有教無類。

另外《史記》還提到：「南游至江，從弟子三百人，設取予去就，名施乎諸侯。孔子聞之，曰『吾以言取人，失之宰予；以貌取人，失之子羽。』」子羽就是澹台滅明，孔子說：你以為人相貌長得醜，這個人的心就醜了嗎？不是的，如果是用這個標準，就不會知道子羽這個人有多大才能。

所以澹臺滅明長得醜又怎樣呢？一個人的思想、才能或是研究的心得，跟長相是沒關係的，即使孔子長得很帥，也跟他腦子裡的內容、他的思想沒關係啊！

雖然在這一章節無法介紹太多，但這幾位孔門弟子各有各的形象、樣貌，在《論語》、《史記》或其他古籍中都有關於他們的故事。如果你把《論語》當成一個故事集，記錄一位老師和他的弟子們如何求知、討論人生的問題或國家大事，每個人都有自己的戲，在文字間想像一下他們的想法、行為和言語，以及他們在當時活過的方式，會覺得這些弟子如顏淵、子路、子貢、曾子……都變得非常鮮明、有血肉，不再只是書本上一個平板、要背誦的名字而已，那麼，你看待《論語》的心情或許也會隨之不同了。

陸

6

由凡入聖——孔子的聖化之路

子曰：

「若聖與仁，
則吾豈敢？
抑為之不厭，
誨人不倦，
則可謂云爾已矣。」

從凡人走向聖人——孔子形象的演變

孔子的形象在各個時代略有不同，遠從先秦到魏晉南北朝，甚至可以說直到現在，依舊有人持續在為孔子建構形象。這些孔子形象的塑造跟後來將他聖化與崇拜，不僅有一定的脈絡，也影響著孔子在文化中的地位與發展。在這一章，我們會從孔子的形象、聖化和孔廟崇拜的過程，來看看他在中華文化中的地位演變。

只是在研究孔子的形象演變之前，我們應該先要有個認知：不管孔子怎麼被描述，早已經跟他本身是什麼樣的人沒有關係了。除非我們能夠真的「穿越」，穿回到歷史的現場、看到孔子實際生活的當下，否則我們現在所認知的孔子，都是後人所塑造的，也沒有一個人知道真正的孔子長什麼樣子。而且即使是同一句話，不同的人也會有不同的解讀。

但即便如此，去了解孔子的形象，或者說去發現大家怎麼根據自己的需要、想法，創造出孔子的形象，也是非常有意思的事。

另外，這一章也要來談談孔子的聖化跟崇拜。他原來只是一個人，一個具具體在歷史上活過的人，不是一個神話人物；他做的事情也都有記載，但後人卻怎麼把他變成了神？尤其歷代的讀書人或是在朝當官的人，出於某些目的而把孔子塑造成神或聖人。

雖然早在孟子的時代，就有人認為孔子應該是聖人，但那時候的「聖人」具體來講是什麼意思？歷代的解釋可能也不同。特別是後來的人為了某種目的，建立了孔廟崇拜系統，這樣的演變其實在文化上是非常少見而特別的，也值得我們探討。

儒家的成立與分化

孔子死後，這位精神象徵和創始者過世了，儒家這個學派發生了什麼事呢？就是儒家儼然成立，卻也同時面臨分化。

例如，孟子自稱上接孔子，號稱是孔子的私淑弟子，是因為他屬於孔子的孫子子思所傳承的一派，因此孟子這一派叫做「思孟學派」。思孟學派特別受到宋明儒者的喜愛，在那個時期，思孟學派的影響力就很大，像是把《孟子》變成四書之一，或是後來變成十三經❶之一都是。

另一個常被拿來和孟子比較的荀子就沒有這樣的待遇了。唐代思想家韓愈說荀子是大醇而小疵，意思是他大致純正但略有瑕疵。為什麼？其實不過是因為荀子開啟了之後的法家。但就算他開啟了之後的法家又怎樣？法家的形成是後代人的事情，後代人做的就是後代人的事情，關荀子什麼事？就像你們將來有什麼成就，關我什麼事？你做得好，如果你客氣一點說，唉呦，我當初上了孫老師的課，所以才有今天的成就，那是客氣的說法，多少人修我的課沒有幾個人像你有那樣的成就，

❶十三經：十三部先秦經典的統稱，是儒學的核心經典，包括《周易》、《尚書》、《詩經》、《周禮》、《儀禮》、《禮記》、《左傳》、《公羊傳》、《穀梁傳》、《孝經》、《論語》、《爾雅》、《孟子》。

所以你有成就是你自己的事，真的不是我的事。那你做了壞事，同樣也是你的事，多少人修我的課都沒做壞事，所以怪不到我頭上的。可是，古代人就覺得師生有種特別關係，正因為這樣，荀子並不被後來的讀書人重視。

然而我覺得荀子其實有繼承孔子的地方，像是《荀子》第一篇就叫〈勸學〉，這跟孔子的「學而時習之」是同樣的道理；再者，《論語》的最後一篇叫〈堯曰〉，也跟《荀子》的最後一篇〈堯問〉很像，兩者從篇名到內容精神都很接近。但可惜就像前面說的，荀子因為法家的關係而不被重視，連後來孔廟裡也只見孟子而沒有荀子，實在沒道理，荀子的影響力應該也受到重視才是。

先秦的分化者：荀子與韓非

除了法家的因素之外，在《荀子．非十二子》中批評三種儒家，也是荀子沒被重視的原因之一。因為他講人家是「賤儒」，偏偏這三種儒家呢，又剛好是《論語》裡面很重視的人。這三種賤儒包括子張氏之賤儒、子夏氏之賤儒與子游氏之賤儒。

子張氏的賤儒，「弟陀其冠、衶禫其辭、禹行而舜趨，是子張氏之賤儒也」，說他們帽子戴得很高、話講得很好聽、走路是小步快走的樣子，意思是子張氏的賤儒儀表堂皇、只有外表、沒有內涵。

子夏氏賤儒，「正其衣冠、齊其顏色、嗛然而終日不言，是子夏氏之賤儒也」，說這些人看起來都是一個樣，就不講話，你問他什麼都不講話，像啞巴，這是子夏氏的賤儒。

還有子游氏的賤儒，「偷儒憚事、無廉恥而耆飲食，必曰君子故不用力，是子游氏之賤儒也」，意思是他們做事怕東怕西，嗜吃到胖得很，自以為是君子而不做俗人之事。

荀子連自己門派的人都罵，這不是窩裡反嗎？你想這能見容於後代的儒者嗎？你要嘛去罵莊子，要嘛去罵墨家、罵道家，罵其他人都行，幹嘛罵自己人啊？中國歷代是都不能罵自己人，自己人是讓別人罵的，只要自己人罵自己人就是窩裡反，就是間諜。

人家韓非子要罵就算了，他已經是後人了，又不同派別的；在《韓非子．顯學》說「孔子死後儒分為八」，包含子張之儒、子思之儒、顏氏之儒、孟氏之儒（一說是孟子，但也有人說不是）、漆雕氏之儒、仲良氏之儒、孫氏之儒（多半說是指荀子）、樂正氏之儒。那韓非子說的跟荀子的賤儒有什麼差別？差就差在那時的法家客氣，怕你告他，因此沒想到用「賤」這個字。

三化的儒家：精神、政治、民間

新儒家代表學者劉述先則把儒家分為三類，包括精神的儒家、政治化的儒家與民間的儒家：

．精神的儒家（Spiritual Confucianism），指孔孟、程朱、陸王以及當代新儒家通過創造性的詮釋、改造力求復興的大傳統。這些人都有很強烈的使命，但很多人都只是在思想上而已，在行為上並不是很遵守孔子嚴格的道德要求。

．政治化的儒家（Politicized Confucianism），指漢代以來發展成為朝廷義理的傳統。很多人希望發揮影響力，用儒家來影響政治。

民間的儒家（Popular Confucianism），指在草根層面無形中發生作用的信仰和習慣。❷

民間的儒家也許像是關公這種形象的。或許你覺得：關公是儒家嗎？看起來很難扯在一起，但如果以忠孝節義等廣泛內涵來講，關公就是儒家啊！台南孔廟的旁邊有個明倫堂，柱子上就寫著「忠孝節義」四個大字。

何況忠孝節義也是傳統戲曲裡面一個固定的主題，你不管演布袋戲、歌仔戲，甚至看現在的外國電影、日本電影，基本上都在講忠孝節義的事情。所以類似忠孝節義這樣的精神思想，以民間習慣的方式流傳、深化，也是一種儒家思想的建立。

遠離群眾、走向高臺：孔子的聖化與崇拜

孔子被捧為聖人，當然有人很高興，也有人不高興。我想最高興的就屬孔家，

❷劉述先，《論儒家哲學的三個大時代》，香港：香港中文大學，2008，第58頁。

因為孔家歷代人被封為什麼「五經博士」，是一個很特殊的地位，雖然說不上是官二代，更不是富二代，卻是一個很特殊的多代。目前孔家第八十代已經出生了，如果這個家系繼續下去，就真的是僅次於萬世一系的日本天皇之外，歷史上最長遠的家族。

至於孔子的聖化，是從很早之前就開始了。「聖化」也可以從法國馬克思主義者阿圖塞（Louis Pierre Althusser）「國家意識形態機器」的說法來看，比如把孔子視為是中華文化的精神代表，等於是把孔子變成一種國家意識型態機器。這其實在哪個時代、哪個國家都一樣，基於某些目的而把一個思想家神聖化，為某個意識型態服務。

而在孔子的聖化中，又分為聖日崇拜、聖地崇拜、聖事崇拜、聖人崇拜及聖家庭崇拜等五個面向，接著就來一一介紹。

聖日崇拜：祭孔

將孔子聖化的第一個步驟是設立聖日崇拜。什麼叫做孔子的聖日？就是孔子的誕辰。在民國以前，孔子誕辰都是以陰曆八月二十七日來紀念，只是那時紀念也不是很正式。到了民國以後，當時有一股反孔的風潮，但越反孔也會有人越尊孔，因此反而更強調孔子的誕辰。

那時要算出孔子誕辰，得先把陰曆轉成了陽曆，於是有人算出來說是九月二十八日，但其實並不代表孔子誕辰真的是那一天。因為實際上是哪天，得要看古籍的記載，不過在《穀梁傳》跟《公羊傳》都只有記載孔子出生是哪一年，哪一日並沒講得很清楚，然後到了《史記》卻又變成晚一年出生，這也很難確認，只是後來大家都根據《史記》的說法。

所以說，九月二十八日並不真是孔子的生日，因為他的生日老早就搞不清楚，光是哪一年都搞不清楚，更別講哪一日；我們現在說的孔子誕辰紀念日只是一種約定俗成，既然大家都同意，那就這一天吧。

但是這種聖日崇拜有時是非常決斷的，沒有什麼邏輯。孔子難道不會死嗎？當然會死，但他已經聖化了，所以不會有忌日，我們只紀念出生而不記念死亡。

這也跟佛教或民間宗教信仰一樣，就像台灣的廟宇都會紀念天公生日，但有沒有聽過紀念天公逝世的？沒有，為什麼？因為天公不會死。開什麼玩笑，天公還會死？他是神明，神明就沒有死的問題，因此孔子的聖化也是這樣，他是永垂不朽、不會死的。

聖地崇拜：孔廟

很多文化都有聖地崇拜，像是回教徒一輩子一定要到麥加朝聖一次，這是他們終生的職志。那其他宗教的人呢？信仰基督宗教的人也會想到耶路撒冷，看一下聖地是怎麼回事。不過在中華文化裡從來沒有發起過朝聖運動，試想如果每個華人一生都應該到山東曲阜一次，把觀光做大一點，那曲阜的酒店就蓋不完了。

雖然沒有朝聖的文化，但根據中國哲學家干春松所出版的書籍中，就有記載在唐貞觀四年（西元六三〇年），唐太宗下令在各州縣設立孔廟❸。原來的孔廟只是家廟，後來被唐太宗變成一個公開的、國家的國廟，就從私轉成公，這是一個極大的轉變。後面我們會另外再講講這個轉變的影響。

孔廟通常都有一些定制，第一個必須有的是「牌坊」，牌坊上會寫字，像曲阜孔廟就有；以及曲阜跟台北孔廟都有的「萬仞宮牆」（不過台南孔廟就沒有）。另外還要有「櫺星門」、「泮池泮橋」，這兩個據說是跟風水有關，雖然「泮」有學術的意思，但當然池水也有消防的用意。

台北孔廟萬仞宮牆

❸ 干春松，《制度化儒家及其解體》，北京：中國人民大學，2012，第20頁。

台北孔廟泮池泮橋

高雄孔廟櫺星門

台北孔廟東廡

台北孔廟西廡

還沒到「大成殿」之前，有個門叫「大成門」，進門之後則有「東西廡先賢先儒」位在兩側。一般來說，你進孔廟要從右邊進去，然後走進右邊的廂房（就是東廡），不能直接穿過去，那是沒有文化人的才會做的。

「大成殿」裡，祭祀了孔子跟「四配十二哲」。四配十二哲其實就涵蓋了《論語》裡面的「四配十哲」，但原來就只有十個人，孔廟的十二哲是後人加的，《論語》是比較前面就有的，兩者的概念不是等同的。實際上，孔門也應該是「四科十哲」而已。

孔廟裡還會有個「崇聖祠」，以前叫啟聖祠，是祭拜孔子的五世祖先。中華文化很強調慎終追遠，孔廟裡之所以有崇聖祠，涵義是有這些人才有後面的孔子；孔子很偉大，所以他的祖先也很偉大。不同孔廟的崇聖祠位置也有所不同，像台灣孔廟的崇聖祠是在大成殿後方，而山東曲阜的孔廟則是在大成殿旁邊，這是因地制宜，例如空間不同的時候可以調整位置去符合配置。

崇聖祠旁邊通常有一個講學的地方，叫做「明倫堂」，這些名詞跟配置幾乎都是固定的，再有一些加加減減的東西，例如台南孔廟還有一個小閣，叫回心閣，是

台南孔廟大成殿

高雄孔廟大成殿

一個有兩、三層樓的小亭子。

崇聖祠的東西兩側又擺了十人，各是「東配先賢」和「西配先賢」。這裡有個古怪的狀況：崇聖的祠堂裡卻擺了後輩和後人，是不是有點混亂？但這是有原因的，我們到下一段落再詳細說明。這裡先介紹進入崇聖祠的先賢有哪些人？

「東配先賢」或說「東從先儒」，總共有六位，包括顏淵的父親顏無繇、孔子同父異母的哥哥孔孟皮（孔忠之父）、孔子的兒子孔鯉（子思之父）、蔡沈（朱熹弟子，著有《書經集傳》）的父親蔡元定、周敦頤（宋朝儒學家）的父親周輔成、程顥和程頤（宋朝理學大師）的父親程珦。

我剛開始看到孔鯉的時候想說奇怪，崇聖祠裡面怎麼會有他？後來才想到四配裡有子思；所以孔鯉不是因為是孔子的兒子入祀，而是因為他是子思的爸爸。

西邊的則是「西配先賢」或稱「西從先儒」，共有四位，包括曾子的父親曾點、孟子的父親孟激、張載的父親張迪、朱熹的父親朱松。曾點是孔子的學生，卻因為是曾子的爸爸才被擺在這裡，以子為貴；所以當父母的到後來很容易失去自己，是以後代的光榮為光榮。

台北孔廟大成殿

從這裡可以看出，入選的標準在於他們是推廣儒學的知名人物的父親，把這些爸爸們都擺在一塊。其實這沒有太大意義，難道沒有入選的其他人物的爸爸都不重要嗎？況且孔廟只祭祀男性，這是中華文化裡以男性祖先為主的表現，也是由於那個時代男人就代表一切。也難怪現代的女性主義者看得非常不爽，不想去孔廟也是有點道理。

我覺得孔廟應該把女性，比如孔媽媽也加進去，孤陰不生，獨陽不長嘛，孔媽媽也該入廟才是與時俱進！

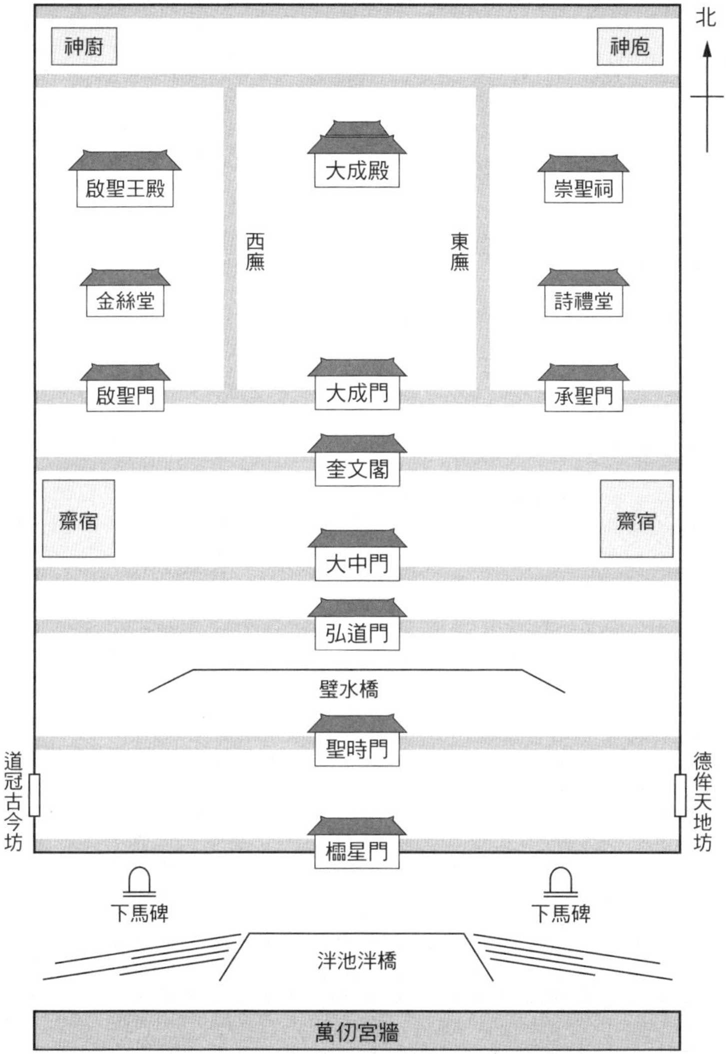

山東曲阜孔廟平面示意圖

附錄 全台孔廟一覽表（依創建日期排序）

名稱	創建日期	地址
台南孔廟	1666	台南市南門路二號
高雄舊城孔廟	1684	高雄市左營區蓮潭路 47 號舊城國小內
嘉義孔子廟	1686	嘉義市東區中山公園內
彰化孔廟	1726	彰化縣彰化市永福里孔門路 31 號
澎湖孔廟	1766	湖縣馬公市西文里文化中心附近
鹿港文武廟	1812	彰化縣鹿港鎮青雲路二號
屏東孔廟	1815	屏東市勝利路 38 號
新竹孔廟	1817	新竹市東區中山公園內
南投孔廟	1831	南投市崇文里文昌街 140 號
宜蘭孔廟	1868	宜蘭市新興街
台南敦源聖廟	1882	台南縣歸仁鄉忠孝路旁敦源聖廟
羅東孔廟	1900	宜蘭市羅東震漢民里北成街 8-2 號
苗栗孔廟	1901	苗栗縣頭屋鄉象山村文昌祠
苗栗象山孔廟	1901	苗栗縣頭屋鄉象山村孔聖 39 號★
埔里孔子廟	1926	南投縣埔里鎮清心里南興街 381 號

名稱	創建日期	地址
日月潭文武廟	1934	南投縣日月潭北面山腰上
台北孔廟	1939	台北市大同區大龍街 275 號（台北大龍峒保安宮隔壁）
花蓮鳳林國小孔子祠	1950	花蓮縣鳳林鎮中正路二段一號花蓮縣鳳林國小內
佳里昭清宮	1966	台南縣佳里鎮安西里 118-2
台中孔廟	1974	台中市北區雙十路二段 30 號
高雄孔廟	1976	高雄市左營區蓮潭路 400 號
桃園孔廟	1985	桃園市公園路 42 號虎頭山風景區內
旗山孔廟	1985	高雄縣旗山鎮中山公園內
南安國小孔子祠		台南縣安定鄉南安村 62 號
海濱國小孔子祠		屏東縣東港鎮豐漁里豐漁街三四之二號
大觀書社	1963	新北市板橋區西門街 5 號
太和宮		新竹縣關西鎮東興里大同路 30 號
臺南歸仁孔廟		台南縣歸仁鄉忠孝路旁敦源聖廟

1. 本表參考「台北市孔廟儒學文化網」製作

2. ★經作者實地查訪，苗栗象山孔廟與苗栗孔廟為同一座。

聖事崇拜：獨尊儒術

什麼是聖事崇拜？比如漢朝的時候開始獨尊儒術，就是一種聖事崇拜。據說獨尊儒數是受到董仲舒的影響，但從此，中國的學術就步入了一個慘淡期，因為沒有百家爭鳴之後，什麼東西都是一言堂，對於儒家的解釋也走入了死胡同，只有有固定的、官方的、死板的解釋，這都是獨尊儒術的流弊。

雖然獨尊的好處是儒家受到很大的重視，但壞處是那麼大的地方卻只有一種思想，這是極大的危機。思想本就應該是自由、開放，讓大家的思想能互相競爭，在這過程中，沒有一個思想能夠占上風。因為一旦讓一個思想占了上風，便容易走向腐化、變成教條，也容易變成宗教，讓人失去思考力，甚至只要有人有不一樣的想法、違反思想，就很容易變成叛徒，這對思想發展都不是好事。

好比在西方的科學史上，許多重要科學家如伽利略、哥白尼，都被當時的教會視為異端分子，伽利略直到幾百年後才被教皇赦免。但你覺得這需要赦免嗎？僅從宗教的理由而反對科學上的發現或觀點，這就是思想的死板，也是最大的流弊。

如果儒家變成這樣，也會是一個流弊，因此今天大家對儒學的冷淡，某種程度現在也是一種逆反，覺得儒家沒有意思，已經距離自己的生活太遠了。

另外，把四書五經聖化也是聖事崇拜的一種。方法很簡單，就是它變成考試的標準；只要是考試的標準，在中華文化裡就代表那本書會大賣。

聖人崇拜：封孔

聖事崇拜之後還有聖人崇拜，這部分就包括了「儒行」。在漢朝《禮記》裡有一篇〈儒行〉，這篇文章非常重要，在我讀高中的年代還被當作國文課本來唸，裡頭規定儒者應該怎樣怎樣，也標舉了儒者高超的道德標準，但那個標準實在高超到很難很難很難很難。

再來是皇帝開始敕封孔子，但為什麼得要封孔子？因為孔子雖然號稱是殷人的貴族後代，但說穿了還是一介平民，所以得要先封王，這樣皇帝去拜他才有道理。

而且剛開始，孔子是跟周公並重，像東漢明帝把周公叫做「先聖」、孔子叫做

「先師」，但後來有了轉變，好比到了魏晉南北朝至隋大業年間，是以孔子為「先聖」，顏淵為「先師」。在這時，孔子就把周公幹掉了，於是周公變成了做夢才夢到的人。所以各位將來穿越的時候，別忘了要看清楚是什麼朝代，你才知道誰是先聖，誰是先師。

接下來在唐朝初年，又再度以周公為先聖，以孔子配享；配享又稱為從祀，意思是一起受到祭拜，是種1＋1的概念啦。唐朝對周公還是比較重視的，認為他制禮作樂，才是是文明的奠基者。直到了唐高宗永徽年間，又回到以周公為先聖，孔子為先師。不過嚴格來說，唐朝其實比較尊重道家，對儒家沒有太大興趣，包括對《論語》註解的人也很少。一直要到從唐高宗顯慶二年，才開啟了孔子獨大的時期，再一次稱孔子為「先聖」後，成為後世定制。

至於孔子封號的完整演變，可以參照左頁表一的說明。

表1 孔子封號演變

西元	朝代年號	孔子封號
1	西漢平帝元始元年	褒成宣尼父《漢書》〈平帝紀〉
492	後魏高祖孝文帝太和十六年	文聖尼父《魏書》〈孝文紀〉
581-604	隋文帝	先師尼父
628	唐太宗貞觀二年	先聖
637	唐太宗貞觀十一年	宣父
657	唐高宗顯慶二年	先聖《唐會要》〈褒從先聖〉
666	唐高宗乾封元年	太師
684	唐中宗嗣聖元年	隆道公（張岱年） 文宣王（方覺慧）
690	武則天天授元年	隆道公
739	唐玄宗開元二十七年	文宣王
1008	宋真宗大中祥符元年	元（玄）聖文宣王
1012	宋真宗大中祥符五年	至聖文宣王
1307	元成宗大德十一年	大成至聖文宣王
1381	明太祖洪武十四年	孔子木主取代塑像，由宋濂提出（朱鴻林）。

西元	朝代年號	孔子封號
1382	明太祖洪武十五年	全國普祀孔子（朱鴻林）
1530	明世宗嘉靖九年	至聖先師 全國設啟聖祠（清雍正元年、1723 年後改為崇聖祠） 孔子子孫襲衍聖公
1645	清世祖順治二年	大成至聖文宣先師孔子
1657	清世祖順治十四年	至聖先師
	清	大成至聖孔夫子

本表根據方覺慧《孔子編年記》（台北：中華叢書，1958 年出版）、張岱年主編《孔子大辭典》（上海：上海辭書，1993）、朱鴻林《孔廟從祀與鄉約》（北京：三聯，2015）繪製。

這裡有件事情可以拿出來講一下，就是在表格中有提到，一三八一年以孔子的木主取代了塑像。但過去會有塑像是由於佛教的關係，尤其魏晉南北朝時佛教盛行，於是也跟著做塑像，有的是泥像、有的是金身。那時很多人開始塑孔子像，可其實誰也沒看過孔子。

曾經有不知是孔子第幾代的子孫說，顧愷之畫的孔子比較像。可他雖然是孔子的後代，也沒看過祖先長怎樣吧？那時候有照片嗎？也沒有啊，可是因為他是孔子的後代，好像他講了算。至於流傳很廣的吳道子畫的孔子像呢，據說是比較不像，把孔子畫得太矮。不過如果你要看矮的孔子，可以去新竹孔廟，在廣場上就有一個矮孔子，腿很短。我之前去看到的時候，一度覺得：「這孔子跪著嗎？」旁邊的人還說：「唉唷，這孔子好矮！」我只好開玩笑說：「是因為經費不夠嗎？所以膝蓋以下就沒塑了？」

而吳道子的孔子畫像似乎配了一把劍，但也有人說那是拐杖、可以打人的。那個是孔子的配件，方向是由前到後或是由後到前，有兩種不同的款式。而手的擺放方式也有不同，有個是兩隻手掌都朝上，也有一隻朝上一隻朝下、稱為「陰陽合和」的，劍跟手勢也是看孔子像的要訣。

不過無論是哪一種，絕大多數的孔子像大都不會露齒，只有少數畫像會露齒，像是「暴牙孔子」。另外還有孔子做大司寇時的畫像，那臉上的鬍子畫得像張飛（我們想像中的張飛）。你說這是孔子嗎？很多人一定覺得不像，因為一般人覺得孔子應該是溫文儒雅，但其實這都是後人想像出來的啦！

因此那時候為什麼要用木主取代塑像？這是由明朝政治家宋濂提出來的，據說有兩個理由，第一個是因為大家畫的都不一樣，會引起人們混淆，所以廢掉塑像、變成木主。可是變成木主的壞處呢，就是沒有辦法看著一個形象，然後產生心生嚮往的感受，少了一個嚮往的功用。

第二個理由是，因為佛教是外來的，塑像是跟著佛教傳入的外來傳統，中國人當然要用回原有的木主，或說是神主牌。然而也因為改成木主之後，孔廟裡面看起來好像都是神主牌位，不覺得很陰森嗎？感覺可以去那邊拍鬼片了。

聖家庭崇拜：孔府

「衍聖公」是孔子嫡系後裔的世襲封號，而原本孔廟定制的「啟聖祠」，到了清雍正元年（一七二三年）則改成了「崇聖祠」，開始祭拜孔子的五世祖；這五世祖包括肇聖王木金父公、裕聖王祈父公、詒聖王防叔公、昌聖王伯夏公、啟聖王叔梁紇。

孔家衍聖公世系至今，嫡系第八十代也已經出生，是金氏世界紀錄中「世界最長的家譜」。這一脈下來的過程中，有個故事可以說一下。在南宋建炎二年（一一二八年），因為金人南侵，第四十八代衍聖公孔端友便隨父親奉旨前往楊州。在古代，君王要逃到哪、要遷都，第一個要帶的就是孔聖人，因為把孔聖人帶著相當於帶著道統；就像國璽一樣，只要帶著，全天下沒人能否認你的正統性。這在現代人看來或許有點荒謬，但在以前，誰擁有衍聖公，誰就是王朝的統治者。

南宋時的孔家後來在衢州建立家廟，奉祀孔子和亓官夫人楷木像，像曲阜一樣，是為「孔氏南宗」。接下來，南宋寶祐八年（一二五三年），准衢州知州之請，撥款三十六萬緡，命仿曲阜孔廟之制，在衢州城東北角的菱湖新建孔氏南宗的家廟。那個家廟整體格局跟曲阜很像，只是地方變得狹隘一點。

南宋在南方弄了孔氏南宗家廟，那北宗的家廟呢？在阜昌二年（一一三一年），金兵入主中原，建立了「齊」政權，劉豫（被金朝冊封為齊皇帝）封孔端友的弟弟孔端操之子孔璠為衍聖公，主持曲阜孔子林廟的祭事。接著金熙宗在天眷二年（一一三九年），依然封孔璠為衍聖公，是為「孔氏北宗」。

這時候，南北分立了。孔家碰上政治有時也相當無奈，南北分立哪一邊是真的呢？如果真要講究，當然是南宗這邊，北宗基本上就不是嫡長子。

到了寶慶元年（一二二五年），宋兵收復山東時，曾以孔元用為衍聖公，隔年改以孔元用之子孔之全為衍聖公。當蒙古族政權占領曲阜後，也承認了衍聖公孔之全的身分。於是在同一時期，形成了南宋、金及元三家朝廷各有一個衍聖公的局面。只是元太宗五年（一二三三年），當元朝攻下金京汴都，金人所封的衍聖公孔元措又被元朝命為衍聖公，曲阜的衍聖公孔之全則被改任曲阜縣令，並由子孫世襲，不再與衍聖公職位有關聯。這時候就知道誰的輩分是對的。

元朝統一中國後，有大臣上書元世祖，認為孔氏南、北二宗應只有一個衍聖公作為正統世襲皇封，按照「大宗之法」，應由孔子嫡傳後裔、這時寄寓衢州的衍聖公孔端友的後代襲封。元世祖採納了，欽定南宗為衍聖公，並讓他返回曲阜奉祀。

然而，元至元十九年（一二八二年），南宗的第六代衍聖公孔洙奉元世祖詔入京，對皇帝面秉自己的六代先祖均葬於衢州，且建有衢州家廟，自己又有老母，實不忍棄離衢州祖廟、返回曲阜，表示願將衍聖公的爵位讓給北宗的族弟孔治，而自己乞請准予返回衢州奉養老母。元世祖對此大加讚賞，稱孔洙「寧違榮而不違親，真聖人後也」，遂准其所請，免去「衍聖公」稱號，改任為國子監祭酒、承務郎，兼提舉浙東學校事。

到了現代，「衍聖公」也演變為「大成奉祀官」。不過這個職位世襲其實也有點尷尬，因為大成奉祀官是個官名，一個在民主時代的封建官名，而不是透過選舉而擔任的職務。

說到大成奉祀官的世襲化，我個人認為孔子絕對不喜歡這個傳統，因為他那樣推崇堯舜，並不追求血緣世襲制。選賢與能、講信脩睦，大家要靠才能來拚，誰有才能，誰就在這位置上服務，我想孔子基本上是抱持這樣的觀點。依此來說，大成奉祀官的世襲制度不是孔子會喜歡的制度，太強調血緣了，而且要內系的血脈才有資格，這距離孔子的思想非常遠；如果孔子還在，他絕對不會發明這個傳統。

何況到了民主時代，世襲的觀念不僅違背孔子的想法，也違背民主精神。我認為大成奉祀官應該是民選的，這樣才有意義嘛！

從家族走向天下——孔廟的祭祀與演變

從祀孔廟的制度是從唐朝開始，也是在這個時期，孔廟從孔家的家廟演變成國廟，被擴展到天下。孔廟裡也不只祭祀孔子及孔家人，從弟子到後人如何進入孔廟、成為從祀的變化也是一個值得關注的部分。

孔廟到底祭拜了多少人：從祀的演變

所謂從祀，是在古代的廟裡僅次於主要祭祀對象（也就是孔子）、與其有密切關係的常設對象。關於孔子弟子跟後儒從祀孔廟的算法有幾個，根據中研院院士黃進興的算法，計有一百七十一人[4]與一百八十二人[5]兩種；我也曾經計算過台北孔廟是有一百八十六人。

歷代孔廟從祀過程發生過的大事與改變，大概可以從二六四頁的表二看出。孔廟從私人的家廟變成了國廟後，出現了一些混雜的狀況。理論上來說，崇聖祠比較偉大，但崇聖祠裡卻有孔子的後輩有點不太合理，只能說孔廟會出現這樣的狀況，是有其歷史上的演變，所以不能太計較。

原來在唐朝時，孔子旁邊只配有顏淵，因為他常常跟著孔子，於是顏淵的位置非常高。而且顏淵最早叫亞聖，只是到了宋朝時覺得孟子很偉大，也開始叫孟子為亞聖；結果亞聖了半天，孟子後來就真的變成了亞聖。現在問亞聖是誰？答案也是孟子，可如果是在唐朝，這個答案就是顏淵。如今顏淵被稱為復聖，表示他可以做到「克己復禮為仁」的境界。

孔廟原先也沒有四配，只有顏淵一個人，後來加了孟子。在宋朝時也一度加過王安石，因為當時的王安石在朝堂上權高權重，覺得自己偉大到不行，所以叫兒子

[4] 黃進興，《優入聖域：權力、信仰和正學性》，臺北：允晨，1994，第303-311頁。

[5] 黃進興，《皇帝、儒生與孔廟》，北京：三聯，2014，第134頁。

王雱寫了一篇文章，說我爸很偉大，不把他擺在孔廟裡面沒道理。然後王安石也為王雱寫了一篇。這父子只是互相吹捧，真有那麼偉大嗎？當然沒有，所以王安石下台後，這個事情馬上就不見。宋孝宗淳熙四年（一一七七年），王雱更成為第一個從孔廟被罷祀的人。最後四配就成了顏淵、曾子、子思、孟子四人。但孟子成為四配也很尷尬，因為孔子不認得他啊！

十二哲原來也只有十哲，就是先前提過的孔門四科十哲。或許是大家覺得十哲並不是一個完整的名單，也或許是覺得有些弟子如子張，在《論語》裡也出現很多次，怎麼不在十哲裡面？是子張人緣不好嗎？還有有若也是，他的想法也很符合孔子的想法，但有若為什麼也沒在裡面？因此認為十哲應該不是完整名單，於是後來演變成十二哲。

只是加進去的人之中，還是有孔子不認識的人。剛講的四配中，孟子是孔子不認識的人，至於十二哲裡面，孔子不認識的人是朱熹。把朱熹放進去，純粹是明朝以後的人覺得朱熹很重要，尤其從元朝開始，朱熹的《四書章句集注》就成了考試唯一的參考書，可見他的當代影響力非常大。

表2 歷代孔廟從祀過程

西元	朝代年號	增祀	廢祀	備註
628	唐太宗 貞觀二年	孔子獨稱「先聖」		原來周公和孔子並稱「先聖」
647	唐太宗 貞觀 二十一年	奉祀二十二位「先師」： （東周）卜子、 （東周）公羊高、 （東周）左丘明、 （東周）穀梁赤、 （漢）伏勝、 （漢）孔安國、 （漢）毛萇、 （漢）杜子春、 （漢〕鄭重、 （漢）鄭玄、 （漢）高堂生、 （漢）董仲舒 （漢）范寧、		從祀孔廟制度正式開始
720	唐玄宗 開元八年	十位弟子入祀大成殿，稱「十哲」： （東周）子夏 （東周）曾子（曾參） （東周）閔子（閔損）		十哲

西元	朝代年號	增祀	廢祀	備註
720	唐玄宗 開元八年	（東周）冉子（冉雍） （東周）端木子（子貢） （東周）仲子（子路） （東周）冉子（冉耕） （東周）宰子（宰我） （東周）冉子（冉求） （東周）言子（子游）		十哲
739	唐玄宗 開元 二十七年	（東周）端孫師（子張） （東周）有若 （東周）林放 （東周）原憲（原思） （東周）南宮适 （東周）商瞿 （東周）漆雕開 （東周）司馬耕（司馬牛） （東周）梁鱣		子張、有若從祀成十二哲之一

西元	朝代年號	增祀	廢祀	備註
739		（東周）冉孺 （東周）伯虔 （東周）冉季 （東周）漆雕徒父 （東周）漆雕哆 （東周）公西赤（公西華） （東周）任不齊 （東周）良孺 （東周）公肩定 （東周）鄡單 （東周）罕父黑 （東周）榮旂 （東周）左人郢 （東周）鄭國 （東周）原亢 （東周）廉潔 （東周）叔仲會 （東周）公西輿如 （東周）邽巽 （東周）陳亢 （東周）琴張 （東周）步叔乘 （東周）秦非		

西元	朝代年號	增祀	廢祀	備註
739	唐玄宗 開元 二十七年	（東周）顏噲 （東周）顏何 （東周）蘧瑗（蘧伯玉） （東周）澹臺滅明 （東周）宓不齊 （東周）公冶長 （東周）公皙哀 （東周）高柴 （東周）樊須（樊遲） （東周）商澤 （東周）巫馬施（巫馬期） （東周）顏辛 （東周）曹恤 （東周）公孫龍 （東周）秦商 （東周）顏高 （東周）壤駟赤 （東周）石作蜀 （東周）公夏首 （東周）后處 （東周）奚容箴		

西元	朝代年號	增祀	廢祀	備註
739	唐玄宗 開元 二十七年	（東周）顏祖 （東周）瞿井疆 （東周）秦祖 （東周）縣成 （東周）公孫句茲 （東周）燕伋 （東周）樂欬 （東周）狄黑 （東周）孔忠 （東周）公西蒧 （東周）顏之仆 （東周）施之常 （東周）申棖 （東周）秦冉		
1084	宋神宗 元豐七年	（周）孟子 （唐）韓愈		孟子成為大成殿四配之一
1104	宋徽宗 崇寧三年	（宋）王安石		史上首次有本朝人配祀，說他的成就是「優入聖域，百世之師」。（這在後代看非常諷刺，但在當時沒人敢講話。）
1108	宋徽宗 大觀二年	（東周）子思子 （孔伋）		成為大成殿四配之一

西元	朝代年號	增祀	廢祀	備註
1113	宋徽宗 政和三年	（宋）王雱 （王安石子）		他的功勞是「助父著書」，幫他爸爸寫書。
1177	宋孝宗 淳熙四年		（宋） 王雱	
1241	宋理宗 淳祐一年	（宋）朱熹 （宋）張載 （宋）程頤		
1584 年	明神宗 萬曆 十二年	（明）胡居仁 （明）陳獻章 （明）王陽明		王陽明從祀歷經十八年，四次激辯。贊成他的人認為理所當然應該要進入，反對他的人認為他禍國殃民，把他放在裡面，這還有天理嗎？
1747	清高宗 乾隆 十二年	（東周）有若		成為大成殿 第十二哲
1919	民國 八年	（清）顏元 （清）李塨		徐世昌總統的命令。為目前最後兩位從祀者。

本表根據黃進興《學術與信仰：論孔廟從祀制與儒家道統意識》，並參考朱鴻林《孔廟從祀與鄉約》增補繪製。（資料如有衝突，以黃進興為主）

誰能入廟：從祀的標準

什麼樣的人有資格被擺在孔廟裡？像我這樣的人有資格嗎？這問題我很關心，所以就找了一下資料，發現這些被擺進去的人都是對孔學有貢獻、品格要好，像是根據〈台北市弘道祠入祀要點〉第三條：「對大台北地區的教育、文化有具體卓越貢獻、德術兼備，且逝世五十年以上者，經審議通過後得入祀弘道祠。」弘道祠是孔廟旁邊的小屋子，還不是東西廡，所以我要死了五十年以後才有機會進去，但死後五十年誰會記得我呢？

至於從祀的既有條件也有爭議，這條件包括要有著述出版、道德行為，甚至是政治立場。除了著述出版外，其他道德行為跟政治立場其實都不太好說，就算跟當時的政治立場相符，也不知道未來的政治立場是怎麼一回事呀！就像王安石父子的罷祀，和宋元時期理學家吳澄的從祀、罷祀與復祀，都是受到政治立場的影響；有人爭論吳澄沒有為漢族而死、沒有氣節，怎麼能入祀孔廟？

香港學者朱鴻林曾提到：「（吳澄）卒後一百〇四年獲得從祀（明宣德十年，

一四三五），從祀了九十五年而遭罷黜（明嘉靖九年，一五三〇），罷黜了兩百零七年獲得恢復從祀（清乾隆二年，一七三七）……明朝尊崇程朱道學，卻在中葉時否定了原先被肯定為有功於程朱之學的吳澄，事情之異於尋常，顯而易見。而令吳澄的崇黜情狀更形曲折的則是，同樣尊崇程朱道學的清朝，在其鼎盛之時竟又恢復了吳澄的從祀地位……明人的仇元朝、反異族統治的情結，是吳澄被罷黜孔廟從祀的癥結所在。明乎此點，則清廷之終於為他恢復地位之事也就屬於情理之內的事了。」❻

漢人覺得他是漢人還幫著「夷狄」，哪有資格進入孔廟？就把他廢了；當「夷狄」統治時又覺得這個人是有功的，再把他擺了進來。這就是政治立場的決定。另外，王陽明從祀也有過爭議。

❻朱鴻林，《孔廟從祀與鄉約》，北京：三聯，2015，第23、85、121頁。

從祀由誰決定？

至於孔廟從祀與否由誰來決定？根據朱鴻林的研究顯示，第一個，皇帝可以做最後決定；但皇帝也不是唯一決定的人，通常會召開會議請大臣發表意見。

「孔廟從祀的政治性太大，大到超出了皇帝個人的控制範圍，皇帝個人不可能操控，所以會有廷議和整體官僚士大夫的關懷。」❼

大臣當然會有左右不同的意見，就像現代人在facebook吵架一樣，這不同的意見要考慮到整體官僚士大夫的關懷。

無論孔子本人的意願為何，他終究是因為後人的某些政治或統治手段需求，塑造了他在中華文化上的重要性與地位；而孔廟更是歷史上少數受到統治者指定，由家廟變成國家的廟宇。雖然推崇孔子是肯定他對文化貢獻的一種方式，但這種以政治的力量來左右人民思想，甚至獨尊一家的做法，恐怕也不是孔子所樂見的。

---

❼朱鴻林，《孔廟從祀與鄉約》，北京：三聯，2015，第23、85、121頁。

子曰：

「學而時習之，

不亦説乎。」

柒

7

崇拜他還是打倒他

——人人心中都有一個孔夫子

時代如何看待孔子？

——歷代的尊孔和反孔

前面說過，在孟子甚至更之前的時代，已經有人把孔子高捧為聖者，或是說他多能；但也有人說他不如子貢，是知其不可而為，所以在孔子活著的時代，人們對他的評價是有褒有貶。

而從西元前到二十一世紀，也起過幾波經歷過尊孔與反孔的浪潮，究竟我們該如何看待孔子的思想與中華文化？關於這一點，我想從一些尊孔與反孔的觀點談起，再來探討我們對孔子的思想可以保有的態度。

繼承者們：孟子與荀子

這一段，我會聚焦在特別捧高孔子、自認為是孔子繼承者的孟子身上。因為我覺得讓孔子思想離開一般人的境界、升得太高而有距離的人，就是孟子。

我稍微整理了《孟子》裡提到孔子的部分，做了對照，有些話並沒有在《論語》出現，像是《孟子．公孫丑上》提到，孔子曰：「德之流行，速於置郵而傳命。」意思是他認為道德感化有立即的影響力，只要有一個人有德，道德的傳染力是很高的啊！會比以前的消息傳遞還快。我想孔子要是活在現代一定會說，德的流行跟光速一樣快！

另外，同樣在《孟子．公孫丑上》說：「孔子兼之，曰：『我於辭命則不能也。』」這也沒有出現在《論語》裡。

然後孟子說「五百年必有王者興」，他希望自己就是那個繼承傳統、繼承道統的人，接著韓愈再幫他推了一下，於是孟子就真的變成儒家的繼承者。所以孟子其實是從毛遂自薦開始，後來才變成大家都恭維他。我個人覺得這是很不好的事情，起碼荀子應該跟他並列才對。

然而孟子說自己跟孔子的關係，也非常有意思，在《孟子．公孫丑上》說：「治則進，亂則退，伯夷也。何事非君，何使非民；治亦進，亂亦進，伊尹也。可以仕則仕，可以止則止，可以久則久，可以速則速，孔子也。」

他說，孔子是一個變化非常強的人，這裡是指孔子的「時」的概念；什麼時候該怎麼樣，則是「權」的概念。接下來，「皆古聖人也，吾未能有行焉；乃所願，則學孔子也」，孟子的意思是，如果可以，他希望學的是孔子，而不是伯夷、不是伊尹❶。

之後，孟子還說：「宰我、子貢、有若智足以知聖人。汙，不至阿其所好。宰我曰：『以予觀於夫子，賢於堯舜遠矣。』子貢曰：『見其禮而知其政，聞其樂而知其德。由百世之後，等百世之王，莫之能違也。自生民以來，未有夫子也。』有若曰：『豈惟民哉？麒麟之於走獸，鳳凰之於飛鳥，太山之於丘垤，河海之於行潦，類也。聖人之於民，亦類也。出於其類，拔乎其萃，自生民以來，未有盛於孔子也。』」

❶伊尹：名摯，商朝名相，是相當具有才幹、睿智、品性的政治家，最重要的功績是輔佐商湯起兵滅夏，建立殷商帝國，並輔佐商朝五代帝王。同時也是一位廚藝家，精通烹飪理論及手法，被稱為中華廚祖。

宰我、子貢、有若都是孔子的弟子，這些人聰明的時候可以比得上老師，但情況不好的時候，也不會隨便拍人家馬屁。最後說「聖人之於民，亦類也。出於其類，拔乎其萃，自生民以來，未有盛於孔子也」，聖人跟老百姓都是同類，只是他出類拔萃，跟一般人不同，於是自生民以來，未有盛於孔子也。所以後來不論是曲阜孔廟或是台南孔廟，都有「生民未有」的匾額，典故就是從這裡而來，表示孔子是歷史上第一人。

可要是按照孟子的說法，「生民未有」表示孔子出乎其類、拔乎其萃，那我們其他人怎麼可能做到孔子這一步？但孔子認為可以啊，只要是人，只要努力就可以！我孔某人做得到的事情，你們一定都做得到。這是孔子的觀念，但到了孟子就演變成只有孔子做得到，我們都做不到啊！

於是孟子這一捧，讓孔子離你我都非常遙遠。如果他不這麼捧、告訴你老師都考得上，你也考得上，多努力就行！那就不一樣，孔子就是在你旁邊，而不是離你很遠的人。

我覺得孟子啊，有時候把孔子捧得太高，就遠離了群眾。

另外在《孟子．離婁下》曾提到：

「予未得為孔子徒也，予私淑諸人也。」

孟子說自己很不幸，生得太晚，沒辦法變成孔子的學生，又說自己可以算是孔子的私淑弟子——沒機會碰到，自己跟著孔子的學問學習，希望做他的弟子。後來私淑弟子的說法就是這樣來的。

最後，《孟子．盡心下》：「由堯舜至於湯，五百有餘歲，若禹、皋陶，則見而知之……由文王至於孔子，五百有餘歲，若太公望、散宜生，則見而知之……由孔子而來至於今，百有餘歲，去聖人之世，若此其未遠也；近聖人之居，若此其甚也，然而無有乎爾，則亦無有乎爾。」

其實這裡「由堯舜至於湯，五百有餘歲」，是為了湊五百這個概念；「由文王至於孔子，五百有餘歲」，也是為了五百這個數字，不然難道期間都沒能人了嗎？孟子不過是為了湊個五百才這樣說。

可是，「由孔子而來至於今，百有餘歲」，剛剛不是說要等五百年嗎？怎麼輪到接下來要說自己的時候又不一樣了？「然而無有乎爾，則亦無有乎爾。」這裡表面上說是沒有那種見而知之者，但你覺得孟子是講沒有嗎？他當然講的是自己，就是我啊！是我啊！字裡行間就是這個意思，孟子覺得自己是孔子的傳人。

然後《荀子》的文章、書裡提到孔子講的話，也都沒有在《論語》出現過，可能是人家沒收錄進去。因此在先秦古籍裡面，其實孔子還說了很多話，或者以孔子之名說了很多話，但都沒有收在《論語》裡面。

可我覺得荀子對於禮的重視，特別能抓到孔子的精神，而孟子則是對於心、對於內在的重視，有抓到孔子這種內聖的精神，因此孟子與荀子都不可偏廢。

其他還有墨子、韓非對於孔子也有很多批評，但我讀得不多，也不多做討論了。如果對他們的意見有興趣的話，可以找一本白話的翻譯看一看，對照一下。

反對者們：太平天國與五四運動

歷史上最有名的反孔事件，就是碰到孔廟就燒殺擄掠的太平天國，因為太平天國對中華文化是非常不屑的，他們受的是基督宗教的影響。其次是在中國的五四運動時期，那時候有個口號是「打倒孔家店」，他們認為像陳獨秀這樣的人，或者胡適認為像吳虞這樣的人是「四川省隻手打倒孔家店」的老英雄❷，還有吳稚輝先生主張要把線裝書丟入茅廁。

根據中國歷史學者張衛波的整理❸，反孔派的主張包括了孔教與帝制（及復辟）的相互關係、孔教與獨尊孔教、孔子之道不合現代生活。

第一，孔教與帝制（及復辟）的相互關係。那時，大家認為孔子思想或孔教、儒教都跟帝制有關係，而在五四時期跟張勳復辟有關的人，也被認為支持復辟的都是支持孔子的人，所以反推回來，跟這些人在一起的孔子也不是什麼好東西。

簡單來說，類似於那些人拿筷子，你就不要拿筷子，因為拿筷子都不是好人！可你覺得這種想法合邏輯嗎？因為那幾個提倡孔子的人跟張勳復辟連在一起，就要

---

❷田苗苗整理，《吳虞集》，胡適〈序〉，北京：人民，2013，第6頁。
❸張衛波，《民國初期尊孔思潮研究》，北京：人民，2006，第46-49頁。

反對讀孔子？其他人也唸了孔子就不會這樣啊，你幹嘛都歸在孔子頭上而不歸在提倡的那些人頭上？如果只要讀孔子的都會信奉帝制，辛亥革命怎麼成功的？連孫中山都唸四書五經，怎麼還革命呢？這絕對是太偏激的想法。

孔子與帝制的相互關係有其由來，但也是沒辦法，全世界的思想在某種程度上都受到時代的限制，也在某種程度上能夠引領我們超越當下的時代，這正是思想的偉大之處。

第二，孔教與獨尊孔教。其實他們反對的是獨尊孔教，當時有人不反對孔教，你孔子做為一個像基督教那樣，是信仰或生活方式，那是ＯＫ的，但獨尊就是個壞事。這一點我是贊成的，任何思想都不應該被獨尊，獨尊就變成宗教，變成一種意識形態。

第三，孔子之道不合現代生活。比如說過去是大家庭制度，確實在五四時代對於追求現代生活，特別是追求自由戀愛的人造成傷害。那時，很多人早年還是受父母之命、媒妁之言而結婚，但到城裡去唸書之後，就會想追求自己要的戀愛，然後回去把原來的太太給休了，在五四時期的文人中確實有這樣的情況。像這種父母之命與自由戀愛的衝突，的確是不能用孔子的觀念來看待的地方，畢竟時代跟風氣都已經不同。

孔子有些標準確實不適合現代，但有誰規定孔子當時幹嘛、我們現在就得幹嘛？比如孝道和禮節，孔子強調的是內心的情感而不是外表的豪華，但不能因為墨子批評說儒家都厚葬，你就認為儒家都厚葬；不能從對手的話來評斷，畢竟對手都沒好話啊！

文化的兩端：尊孔與反孔

既然有反孔的聲浪，自然也有另外一派尊孔的浪潮。民國初年，幾乎中國各地都有尊孔社團，他們認為孔子是中華文化的根本，這根本如果沒了，中華文化就不行了！這種想法跟完全西化的另一派人不一樣，好比袁世凱及北洋政府的尊孔與讀經教育，以及反對早先廢孔讀經的教育政策。

但由袁世凱這個政權提倡尊孔讀經，那反對袁世凱的人必定要把他推崇的都反了！很多人在反對某件事的時候，就是一竿子打翻，其他都不管，所以他做的事情是對或錯，沒辦法冷靜判斷；不過等你冷靜下來或許會發現，你所反對的東西還是有它的某些道理，你贊成的東西不一定有它的道理。

可惜因為袁世凱贊成讀經又恢復帝制，當時的人把這兩件事想在一起，便覺得是一樣的，卻想不到反的應該是袁世凱而不是讀經。

尊孔的浪潮也一度提出將孔教定為國教的意見，只是在一九一七年的五月十四日被憲法審議會否決了。畢竟中國實在太大了，有多少個省、多少的意見要整合，從常理判斷就知道這是很不容易的事情。

而有人贊成，就有人反對。也有人覺得當時國家之所以落後，就是受到中華文化的荼毒，是千年來的禍害，辛亥革命之後應該要一舉把它剷除。

總的來說，根據張衛波的整理，那些尊孔派包括以下的主張：

尊孔以保國保種

尊孔以重建國民道德

孔子之道能夠適應現代生活

尊孔需先讀經

定孔教為國教❹

無論是尊孔或是反孔，這兩派人走的都是極端，尊孔的人怎麼看孔子都是非常偉大的，反孔的人則是覺得孔子有什麼好?!那個人封建、討厭女人、講的都是權威，把孔子說得一無是處。

從以前到現代，尊或反始終是一個重要的爭論，但撇開政治，文化本就是不斷融合的過程，好的就會留下來，不好的則會根據不同的需要而改變了。這就是文化的融合。

當初要上這堂課的時候，我也曾考慮過要不要弄一套長袍來穿，但仔細一想，穿那套衣服不就證明孔子是腐朽的嗎？我乾脆不穿了，反正重要的是我的思想，不是我穿什麼；而且再怎麼穿，那也不是孔子的衣服啊！

---

❹張衛波，《民國初期尊孔思潮研究》，北京：人民，2006，第81-84頁。

今日的挑戰：孔子要走向哪裡？

這本書的最後一個部分要來討論，在今日，孔子要走向哪裡？到最後，生活在當代、甚至未來的我們，又該怎麼看待孔子和他的思想？

不管你喜不喜歡孔子，大部分的人都認為孔子已經深植於中華文化之中，他的思想也不是一個地方性的思想而已。他的思想不只是魯國的、不只是春秋戰國的，甚至不只是中華文化的。所以，如果要說孔子是中國偉大的老人家，他還是世界偉大的老人家。

為什麼仍要了解孔子？

先不說從世界的角度，或是從中華文化以外的角度來看，就外國人來看，你們都身在中華文化裡，應該對孔子有所了解。如果你生活在中華文化之中，卻對孔子一無所知的話，不也挺奇妙的？尤其你既不是基督徒，耶穌的事情不用你來做，同樣的猶太人的事情、伊斯蘭的事情也不用你來做，所以如果連自己生活的文化都搞不清楚，那你對世界文明還能有什麼貢獻？

其實讀了孔子，也不是一定要喜歡他，但既然在這樣的文化之下成長，有所了解，你能更清楚不喜歡孔子思想的哪些地方，以及哪些依然是值得留下的。完全不去了解一個事物，你的世界就只有「大家喜歡的」或者「大家不喜歡的」；願意去了解，你應該能有些就事論事的獨立思考和判斷。

我在上課的時候也講過一些對孔子不滿意、不適合現在的地方，在書裡也提過好幾次了，但我也覺得仍有目前為止還有用的地方，這應該分開來看。

孔子的現代生活，還有未來

孔子不是我們生活的全部，但他的確可以指引我們一個方向，其他呢，還是我們自己要去思考、要去創造的，並不是孔子就能成為我們人生所有的指標——如果你想談戀愛或想知道怎麼談好戀愛，孔子是絕對不能當你的指標。

但現在有些人對於孔子還是有些迷思，認為他和《論語》可以解決很多事情。就像前面提過的，尊孔的人認為要用孔子重建道德、讀經的人不會變壞；現代也有一些兒童讀經班在推廣，讀經是很好，但一個小孩讀了經，真的就會變得更好嗎？照這個邏輯，那中國歷史上也不應該有壞人了，不是嗎？我每次都這樣質疑。

大家彷彿都活在一種幻想裡，認為以前的知識份子、讀書人不像現在這麼糟糕。你知道「人心不古、世風日下」是什麼時候流行的話嗎？從明朝末年就開始了，那不也是讀經以後的事嗎？

所以我不以為讀經會讓人更好，或者會更不好，應該還有別的因素。就像我不認為讀了三民主義，你就會變成三民主義的信徒，讀了馬克思主義就變成馬克思主義的信徒，這是太簡單的從A到B邏輯，但中間一定還有別的什麼東西。不是讀了經，道德就更高尚，不讀經也不表示道德不高尚；道德高尚與不高尚，我想還有很多值得深入討論的地方。

再說經典本身的意思是開放的，就看讀的人怎麼解釋。如果你把經典解釋得非常非常死板，就像我以前唸中華文化基本教材，我討厭得要死！說「學而時習之，不亦說乎」，哪有不亦悅乎，悅在哪？每天要在複習寫考題，我看只有老師開心吧?!考題答錯要罰寫一百遍，名字或哪個字寫錯也要罰寫一百遍，這有道理嗎？

所以我常常覺得，孔子能不能適應現代生活？當然可以，但很多事情應該有個彈性，不然讀了更討厭，你也學不到，當然會覺得讀這個有什麼意義呢？一個思想不能跟世界、跟當下的生活有聯結，是沒有意義的。

我們應該讓孔子看看我們現在這樣的生活，快快樂樂、健健康康、活活潑潑的，讓孔子看到我們學了文化，文化到現代演變成什麼樣子，比如在孔廟裡跳個街舞、把《論語》編成Rap……他如果不爽就下場雨吧，人就散了嘛，搞不好孔子還笑得很開心呢！

現代生活有現代生活的意義，不是只有孔子那個時代的生活才有意義、那個時代存在的才是文化。當你能賦予新的、現代的意義時，會開始慢慢喜歡他、去了解他，然後自然會希望怎麼把這個事情作得更好！

人類要繼承的應該是當代最有意義的東西。「生乎今之世，反古之道。如此者，災及其身者也。」如果時代改變了，人還不跟著改變，必定會碰到大災難。我覺得孔廟就完完全全展現了孔子的憂慮。

其實台灣高中的中華文化基本教材，也是一種獨尊儒術，對我來說這絕對是個錯誤觀念。如果要教中華文化，孔子、老子、莊子都可以教，為什麼只教《論語》？《論語》是基本、是經典沒錯，但如果只教《論語》，真的是有一點點太狹隘了。

而我雖然教《論語》、教孔子，但我也知道其他思想家也是文化中很重要的資產，這一點絕不能忽略，如果我因為教孔子就覺得只有孔子好，那教了也是白教。

《論語》有句話說：「攻乎異端，斯害也已。」攻乎異端的其中一個解釋是，對於那異端就要痛打，不打那異端是不行的。在我來看，這是很跋扈的思想。要知道《中庸》說：「道並行而不相悖，萬物並育而不相害。」所以對於攻乎異端，我的老師的解釋是：「如果去攻擊跟你想法不一樣的人，這是有害的行為。」我也期待、傾向這樣的解釋。

我在這本書提出的很多想法，可能不是符合很多人的想像或認知，但這都是可以論辯的。原本人們對於《論語》、對於孔子的解釋就不太一樣，我只希望自己做到稍微完整的介紹。並不是看完這本書、上網聽完我的課，這場認識孔子的旅程就可以停下了。

我想也許你可以每天好好地看一段或抄一段《論語》，看你用哪一個版本，加加減減大概五百多則；也可以多唸一點別的書，那麼《論語》的價值和意義也可能就顯現出來了。如果你更有興趣的話，可以找一本英文的《論語》來看，順便學學英文。

總之，我希望這本書可以帶給你文化的思考，而不是一個信仰。我不希望有誰看完書變成孔子的信徒，而是能多思考孔子的想法，思考我們生活的問題，思考文化的問題，甚至世界的問題。孔子不是萬靈丹，他能成為一個思想的燈塔，指引方向，但最後還是要由我們去實踐它。

更重要的是我們如何從孔子的思想中吸收養分，因為他的東西早已活在我們的生活之中，只是我們沒有主動去了解而已。

最後，再回頭來看「學而時習之」這句話。學而時習之，就是用古人的智慧來啟發自己的智慧，讓思想能夠實踐、活用，讓我們能夠面對生活、面對世界，讓我們都變成更好的人，讓這世界變成更好的世界。如果能夠朝這個目的去想，達到這個目的，我想這就是最大的成功。

結語

我在當學生的時候，要是有一個人穿越了回去跟我說，欸，孫中興我告訴你啊，你四十年後會開一門有關孔子的課，我一定覺得這個人是神經病，絕對不會認為他是來自星星的誰。

大概到十年前，我都沒有想到這件事情，可是有一天，我忽然想，我們教書到底要幹嘛？而這個疑問來自於四十年前左右，跟我的老師問的一個問題非常有關係。當時我拿到教職回台大，老師說：「學生學生，你當學生當了很久，現在回來當老師了，你有沒有想過，學生的『生』是什麼意思？」

學生、學生，生是什麼東西？現在當了這麼多年的老師，我想我可以回答了。

很多人當學生學了半天，讀得很好、拿到了畢業證書，但到底知不知道自己要幹什麼？找一個很好的工作是不錯，但那只是找到自己的「生涯」。

其實生涯很容易啊，年輕人現在被嚇得好像都找不到工作，將來該怎麼辦？生涯還是小問題啊，當會計師也可以，到7－11當店員也可以，只是看你要不要啊！不嫌棄的話，很多業都能就，但就完業以後呢？還有大半人生該怎麼活？我覺得大家很少去考慮長遠的問題，思考的都是短的問題。

學生的生除了生涯，應該還有「生活」、「生命」。人生更大的問題是，你怎麼去過生活、希望未來是什麼樣的？最近幾年的台灣電影、中國電影都一樣，大家都很喜歡回頭看，前幾年出了男生版的高中時代，後來出了一個女生版的高中時代，但我們怎麼不往前看？為什麼我們拍不出未來片？我們不知道未來該怎麼想像，連想像未來的能力都沒有，可是孔子有啊，他想像的未來我們都還做不到。

所以孔子離我們並不太遠，不是每句話都離我們不遠，但大部分的話都不太遠的。直到今天，我們還可以跟他學到很多東西，還可以跟他對話「生」最後、最重要的問題：生命要怎麼完成？這一生，你想做個什麼樣的人？

孔子呢，至少在我看到的地方，常常提醒人是有力量的。「譬如為山，未成一簣，止，吾止也；譬如平地，雖覆一簣，進，吾往也。」造山從第一把土、第二把土……由你開始，都是你在做；要進也是你，要停也是你，不關上帝什麼事情，也不關誰的事。要完成這件事，只有你做得到。

孔子相信人的主動性，在有意識地了解到種種限制下，提出最高的目標。他是知其不可而為，照現在的標準，他根本就是個傻子。這事情不可能的，你幹嘛呢，註定失敗嘛！孔子當初也感受到了，周遊列國半天發現誰也不用他，大國也不用，小國也不用，只是空有理想啊！乾脆回家種田然後就算了嗎？理想就放棄了？

沒有，有理想的人永遠不會放棄。他只是不知道接續理想的人在哪裡，但總會有那個人的。

孔子並非天縱英明的人。有的創意並不是無中生有，而是把一些「有」擺在一起，創造一個新的東西。孔子的東西就是這樣，他有好的東西值得保留，我們可以尊崇他，但不必親吻他的腳；他也有不合乎時代的東西，該被淘汰了，但不必因為這樣就完全地反對他。我也希望各位擁有這樣的精神，透過讀完這本書、了解一個思想家的生命歷程，能夠創造出一個「有」。

我更希望，無論你是學生或者不是，不要修無聊的、營養學分、浪費生命的課，不要做那種做完了根本就沒用、你也不在乎的東西，千萬不要這樣。你所做的每件事，都要對你很有意義，因為我們的所有時間都是不可以浪費的，因為你真的沒有多少生命可以浪費。

國家圖書館出版品預行編目資料

穿越時空，與孔子對話：關於理想與生命，讓孔子來回答／孫中興 著 – 初版 . -- 臺北市：三采文化，2017.12 面：公分 . --

ISBN：978-986-342-910-4（平裝）
1. 人文思潮 2. 中國哲學 3. 論語 4. 儒家

121.227 106017874

suncolor 三采文化集團

iThink 03

穿越時空，與孔子對話

關於理想與生命，讓孔子來回答

作者｜孫中興
責任編輯｜戴傳欣　美術主編｜藍秀婷　文字編輯｜吳孟芬
封面設計｜藍秀婷　美術編輯｜徐珮綺　內頁排版｜優士穎企業有限公司 陳佩君
行銷經理｜張育珊　行銷企劃｜許之瑜
圖像提供｜國立故宮博物院（封面）、王雅慧（P.241、244）、楊麗鳳（P.244）

發行人｜張輝明　總編輯｜曾雅青　發行所｜三采文化股份有限公司
地址｜台北市內湖區瑞光路 513 巷 33 號 8 樓
傳訊｜TEL:8797-1234　FAX:8797-1688　網址｜www.suncolor.com.tw
郵政劃撥｜帳號：14319060　戶名：三采文化股份有限公司
初版發行｜2017 年 12 月 1 日　定價｜NT$360
2 刷｜2017 年 12 月 30 日

suncolor

suncolor